人才全生命周期管理

韩佼男 著

北京工业大学出版社

图书在版编目（CIP）数据

人才全生命周期管理 / 韩佼男著．— 北京：北京工业大学出版社，2021.9
　ISBN 978-7-5639-8131-1

　Ⅰ．①人… Ⅱ．①韩… Ⅲ．①企业管理－人才管理 Ⅳ．① F272.92

中国版本图书馆 CIP 数据核字（2021）第 212246 号

人才全生命周期管理
RENCAI QUANSHENGMING ZHOUQI GUANLI

著　　者：韩佼男
责任编辑：李倩倩
封面设计：知更壹点
出版发行：北京工业大学出版社
　　　　　　（北京市朝阳区平乐园 100 号　邮编：100124）
　　　　　　010-67391722（传真）　bgdcbs@sina.com
经销单位：全国各地新华书店
承印单位：三河市腾飞印务有限公司
开　　本：710 毫米 ×1000 毫米　1/16
印　　张：10.5
字　　数：210 千字
版　　次：2023 年 4 月第 1 版
印　　次：2023 年 4 月第 1 次印刷
标准书号：ISBN 978-7-5639-8131-1
定　　价：80.00 元

版权所有　翻印必究

（如发现印装质量问题，请寄本社发行部调换 010-67391106）

作者简介

韩佼男，毕业于英国伍尔弗汉普顿大学，获得人力资源管理文学硕士学位和应用科学与运动科学理学硕士学位；就职于昆仑数智科技有限责任公司，高级工程师。2022年4月，获得PMP项目管理专业人士资格认证。2017年12月获得教育部中国智慧教育督导"教育科研成果一等奖"，担任角色独立完成。2009年9月，获得国际EAP协会（EAPA）员工帮助计划EAP专业人士资格认证。2007年4月，获得CIPD注册人力资源管理师资格认证。

前　言

人才是企业的核心，是企业发展好坏的重要决定因素。广义上人才也是一种"产品"，只不过主体为人而已。相对于企业来讲，人才也有其"生命周期"，它包括人才可能在企业服务的时间、其间的周期规律、人才的成长性等。在人才选聘及管理中充分关注这一点，对企业的人才布局、人才使用都有十分重要的意义。

全书共十一章。第一章为人才测评，主要阐述了人才测评的概念与类型、人才测评的作用、人才测评的方法与技术等内容；第二章为人才画像，主要包括人才画像概述、人才画像技术、人工智能人才画像的人才培养路径等内容；第三章为人才盘点，主要包括人才盘点概述、人才盘点的内容、人才盘点的步骤等内容；第四章为人才库建设，主要阐述了人才库与人才库管理、人才库建设的影响因素及相关理论、人才库建设的标准、人才库建设的策略等内容；第五章为胜任力模型构建，主要阐述了胜任力与胜任力模型、胜任力模型的发展、胜任力模型的应用等内容；第六章为领导力模型构建，主要阐述了领导力与领导力模型、领导力模型的构建原则与方法等内容；第七章为绩效管理和目标管理，主要阐述了绩效管理和目标管理等内容；第八章为人才供应链管理，主要阐述了人才供应链、人才供应链风险和人才供应链风险管理对策等内容；第九章为人才梯队建设，主要阐述了人才梯队建设的主要内容和人才梯队建设的必要性等内容；第十章为后备干部管理，主要阐述了干部的含义与后备干部管理策略、后备干部的能力模型、后备干部管理的评价方式等内容；第十一章为高潜人才识别，主要包括高潜人才概述和高潜人才识别体系等内容。

为了确保研究内容的丰富性和多样性，笔者在写作过程中参考了大量理论与研究文献，在此向涉及的专家学者表示衷心的感谢。

最后，限于笔者水平，加之时间仓促，本书难免存在一些不足之处，在此恳请同行专家和读者朋友批评指正！

目　　录

第一章　人才测评 ·· 1
第一节　人才测评的概念与类型 ·· 1
第二节　人才测评的作用 ··· 15
第三节　人才测评的方法与技术 ··· 16

第二章　人才画像 ·· 24
第一节　人才画像概述 ·· 24
第二节　人才画像技术 ·· 25
第三节　人工智能人才画像的人才培养路径 ···································· 28

第三章　人才盘点 ·· 31
第一节　人才盘点概述 ·· 31
第二节　人才盘点的内容 ··· 34
第三节　人才盘点的步骤 ··· 35

第四章　人才库建设 ··· 43
第一节　人才库与人才库管理 ·· 43
第二节　人才库建设的影响因素及相关理论 ···································· 44
第三节　人才库建设的标准 ·· 51
第四节　人才库建设的策略 ·· 52

第五章　胜任力模型构建 ·· 62
第一节　胜任力与胜任力模型 ·· 62
第二节　胜任力模型的发展 ·· 66
第三节　胜任力模型的应用 ·· 68

第六章　领导力模型构建 ·· 77
第一节　领导力与领导力模型 ·································· 77
第二节　领导力模型的构建原则与方法 ······················ 92

第七章　绩效管理和目标管理 ···································· 96
第一节　绩效管理 ·· 96
第二节　目标管理 ··· 111

第八章　人才供应链管理 ··· 114
第一节　人才供应链 ·· 114
第二节　人才供应链风险 ······································ 116
第三节　人才供应链风险管理对策 ··························· 117

第九章　人才梯队建设 ·· 126
第一节　人才梯队建设的主要内容 ··························· 126
第二节　人才梯队建设的必要性 ······························ 133

第十章　后备干部管理 ·· 135
第一节　干部的含义与后备干部管理策略 ·················· 135
第二节　后备干部的能力模型 ································ 138
第三节　后备干部管理的评价方式 ··························· 142

第十一章　高潜人才识别 ··· 144
第一节　高潜人才概述 ··· 144
第二节　高潜人才识别体系 ···································· 147

参考文献 ·· 158

第一章　人才测评

人才测评是指通过人才测评实施，对员工性格、能力、潜力、素质等进行一定的判断决策，为今后企业选人用人、重点岗位的任命提供重要依据，确保企业文化氛围最优、人才队伍稳定、人力资源管理水平提高、经营管理决策落地，实现公司可持续发展、效益提升。本章分为人才测评的概念与类型、人才测评的作用、人才测评的方法与技术三部分，主要内容包括：人才测评的历史发展、人才测评概述等。

第一节　人才测评的概念与类型

一、人才测评的历史发展

西方工业革命不仅深刻影响了西方社会生产方式，也让劳动生产力的地位日益显现，在这场大变革中，拥有一流的优秀人才，是众多企业和组织强化自身竞争力的共识。如何选拔优秀人才，关键在于科学、客观的测评，现代人才测评技术作为人力资源管理的重要手段，具有非常广阔的应用前景和市场。这里将对国内外人才测评的发展进行梳理概述。

（一）国外研究与发展

古希腊人在德尔菲神庙石柱上留下的那句"认识你自己"，成了西方人才测评的起点，自此人类开启了自我认知与探索的漫漫长路。作为人才测评发展的重要载体——心理测验，其最早是针对有智力障碍和精神疾病的人开展的研究。在19世纪初，有西方学者认为这两类人群是存在个体差异的，但通过大量测验和分析后，他们发现很难以测评指标或技术手段来描述和论证这种差异。

19世纪70年代末,冯特(Wilhelm Wundt)在他的著作《生理心理学原理》中描写到,不同的个体之间存在差异性,这个观点成为人才测评体系的第一次探索与发现。后来有学者在此基础上引入量化研究,以期对不同个体的差异性进行测评。弗兰西·高尔顿(Francis Galton)将遗传和生活环境作为变量,研究其对个体心智水平的影响,并创造了一系列客观的测量方法,如自由联想、调查问卷、评定量表等。卡特尔(Raymond Cattell)通过毕生研究,尝试并设计出几十种测验方法,就其发表的《心理测验与测量》一文中首次提出的"心理测验"进行验证。法国心理学家比奈(Binet. A)则是通过研究个体的智力水平与其在生活工作中展现出来的思维逻辑能力之间的相互关系,设计了"比奈·西蒙量表",这是人才测评史上的一个重要成果。

此后,人才测评技术在大量专家和学者的共同参与研究探索中逐步驶入了高速发展的快车道。人才测评被推广至政府机构、工商企业、社会组织等各阶层各领域,作为人才选拔与评价的重要技术手段。后来,随着咨询行业的兴起,职业测试与咨询成为各咨询公司的主要业务。20世纪20年代,斯特朗(Strong,E. K.)设计了第一套基于个人兴趣的职业测验方案,这套测验方案首次将个体的差异性作为人类职业规划的影响因素。

伴随着人才测评理论和技术的不断深入发展,测评指标以及指标体系的建立也应运而生,西方专家和学者就人才应该具备哪些特征、素质或能力也展开了大量且卓有成效的论证和研究,同时总结归纳了符合人才定位的优秀品质。

随着测评技术、测评指标以及测评指标体系建立等相关环节日益成熟和专业,西方国家开始出现大量专门提供人才测评服务的公司,将测评技术应用于企业的人力资源管理上。与此同时,人们不断寻求创新和突破,更多符合不同企业发展的测评技术得以应用和推广。事实上,人才测评在西方国家已然形成了产业集群,包括与测评服务相关的咨询和培训。

近年来,国外人才测评技术在迅猛发展的同时,也出现了非常多不同形式与内容的测评,比如人格测评、智力测评、能力测评等,这些测评被普遍应用于西方国家的人力资源市场中,且表现出了优秀的实用价值。而对于新兴的测评工具及其有效性、科学性的分析,也是西方专家学者重点研究和探索的方向。比如现在研究热度非常高的天赋特质诊断系统,是目前最有权威性的诊断工具,它摒除了宗教、文化等影响,是国外多家知名企业人才测评的首选测评系统,同时也是全球范围应用最广泛、精确性最好的一个系统。另外,人才测评研究的另一个主要方向是对评价中心技术的应用研究，它是作为对人才测评技术的进一步发掘与补充的基础上发展起来的。

(二) 国内研究及现状

古代中国也曾出现过对人才进行考察评价的思想，比如我国延续近千年的科举制度就有所体现。但由于社会历史原因、经济水平落后以及文化心理的局限性，决定了这些思想主要是以经验性的、分散且非系统化的定性评价为主，与现代人才测评体系还有一定距离。

从标准化的角度出发，我国人才测评技术是在20世纪20—30年代从西方发达国家逐步引入的，最先做的工作即将国外各种先进的测评技术和方法介绍至我国，如我国学者樊炳清于1914年将"比奈·西蒙量表"这一概念初次引入国内，后来经过学者贾培杰的翻译注解，更名为"儿童心智发达测量法"。由此心理测量得到了当时政府相关部门的积极推广并蓬勃发展，第一部心理测量专著《心理测验法》、第一个专业组织"中国测验学会"及第一本创刊杂志《测验》相继诞生，这标志着中国的心理测量和教育测量进入了一个全新的发展阶段。只是后来由于国内全面爆发抗日战争，导致我国心理测量及人才测评的研究和发展工作近乎停滞。直到20世纪80年代，我国人才测评技术才算正式发展起来，整个发展历程经历3个阶段，分别是复苏重启期、初步应用期和繁荣发展期。

经过多年努力，我国在人才测评的研究和应用领域有了不小进步，但依然存在许多待改进的地方。比如测评指标概念不清晰、认识不深刻、普及不到位；测评工具不成熟，测评方法不合理，测评市场不规范等。另外，我国在人才测评发展初期，以引入国外有关理论和方法为主，但中西方在历史文化、思维逻辑和行为习惯等方面存在较大的差异，如果直接沿用而不做本土化处理和改良，往往会产生不适应性或效果不佳，造成测评结果偏差，导致测评的精度与效度降低，甚至可能影响到我国人才测评的研究与发展。

最近几年来，由于国内人才资源流动性较大，对人才测评的需求也随之迅速增加。现在我国很多大型企业都会在企业招聘中使用到人才测评技术，通过对应聘人员的知识水平、技能技术、素质特征等多个方面进行测验评估，帮助企业评估招聘人才和岗位的匹配度。正因为越来越多的企业逐渐认识到人才测评对企业的管理和发展有着非常积极、重要的作用，同时我国人才测评相关产业和市场也在迅猛扩张，因此众多国内学者也纷至沓来，加入我国人才测评理念和技术的研究和探索中，推动我国人才测评横向与纵向全面发展。

二、人才测评概述

（一）人才和人才测评的概念

1. 人才

"人才"这个词语最早出现在《易经》当中，取自于"三才之道"，慢慢发展成为意指人拥有的才能或者具备的才学。在人力资源管理当中，对于人才的界定主要表现在两个方面：一是能够帮助公司解决关键难题或者困难的，特别是难题或者困难的唯一解决人；二是可以让公司的某项工作流程或者是工作效率得到明显改进或者提升，比如说打破销售业绩，实现新的经济增长，或者是在公司组织管理中有着优异的管理能力，改善公司内部不完善的结构，能够对公司的发展起到巨大推动作用的，便都是公司需要的人才。"在一定环境和条件下，能够胜任交付的特定任务，并在一定范围内经过学习，能够不断地胜任新的任务的人。"这个定义旨在强调人才的动态发展，即不断学习的能力。

2. 人才测评

人才测评是一个既年轻又悠久的技术手段。说其年轻是因为人才测评的兴起源自于21世纪初期，之后才得以形成与发展。说其悠久，是因为人才测评的观念早在古时候就已经初步形成，两千多年前的中国就已经开始利用考试的手段来选拔人才。西方人才测评技术的盛行主要是由于心理测验的兴起，随之带动了智力检测的盛行，人才测验才渐渐得到繁荣与发展。进入20世纪以后，人才测评的范围得到了很大扩充。到20年代，开始出现各种不同类型的职业倾向测试。40、50年代时测试开始应用于工作岗位匹配。许多公司开始利用人才测评来挑选员工甚至是中层的管理人才。近几十年以来，人才测评技术得到了广泛的发展，开始出现了专门进行人才测评服务的企业，并将人才测评应用到各方面、各领域中去。

罗伯特（Robert.A）认为人才测评是应用测量理论和方法来解决人才选拔问题的手段。他认为心理测量学与人才测评之间存在有利可图的相互影响关系，人才测评受益于各种心理测量学的概念和程序，并取得了令人鼓舞的结果。在人才测评的众多应用领域中都能发现心理测量学的使用踪迹。

萨尔加多（Jesus F. Salgado）认为人才测评是在包容性和无歧视性的基础上进行人员选拔的方法。公平、平等和不歧视是各种工作场所就业的基本目标，因为它决定了许多其他后续人力资源管理实践（如培训、晋升和离职）的效率。

阿加沃尔（Remick Aggarwal）认为识别和评价各种人力资源指标或评估指标是一个多属性决策问题，包括定性和定量的因素，因此需要适当的测评技术对这些因素或属性进行适当的评估，才智、综合能力、绩效和领导能力等因素都属于人才测评的指标。

迪米特里（Dimitri van der Linden）认为人才测评是指为特定工作选择最佳员工的过程。

杨鹏、王椿阳认为人才测评就其理论基础、方法手段而言，主要是一种心理测评。

综上所述，人才测评是指通过应用现代心理学、管理学、人才学以及多门相关学科知识、研究成果，通过心理现象测量、面试、情景模拟以及履历分析等多种客观化手段，对个体的能力、个人性格等诸多方面的因素进行评判，进而对其个人素质、心理状况、综合实力等方面进行科学的评价。人才测评是为企业用人提供合理化依据、提高企业选拔员工效率和水平的一种重要手段。

（二）人才测评的特点

现代人才测评的原理是基于多门学科和多个领域的实践与探索，发展并形成了包括个体素质的差异性、个体特征的稳定性、个体心理的可测性以及人岗匹配的必要性等多重特点。

1. *个体素质的差异性特点*

众所周知，个体之间存在较大差异，即使外貌相似，其心理活动也不尽相同。除了先天因素，后天环境影响和个体主观能动性也造就独具特色的个性和品质，这反映在不同个体之间的素质差异上，也反映在不同个体在完成相同任务时呈现出来的完成度与绩效差异上。西方学者对个体素质的不同开展了大量研究，从各个角度阐释其原因，为现代企业管理提供了借鉴和参考。就企业而言，个体素质的差异性最直观的表现即个体行为方式以及在工作绩效方面的差异，而这种差异性正是企业进行人才测评的依据和基础。

2. *个体特征的稳定性特点*

虽然个体之间存在素质的差异性，但就个体而言，其行为举止、思维方式、认知能力等还是相对稳定的，且不会轻易改变。这是在长期社会生活中逐渐形成的不同于其他个体的行为习惯和认知偏好，而这些个体特征差异也是相对稳定的。鉴于个体特征的稳定性，其行为模式也具有一贯性和经常性等特点，这就使得企业人才测评更加真实可靠，在人力资源管理活动中更具说服力。

3. 个体心理的可测性特点

是否可以准确测出，是人才测评的关键一步。而人才测评的对象即个体素质。尽管个体素质没办法直接进行测量，但是可以借助个体的行为方式、思维习惯、心理活动等间接反映出来，通过这些外显特征或行为来推论个体素质情况。经过专家、学者大量的实践论证，这种"间接"测评的方法是可行的，结合先进的计算机技术提供的数据处理和分析支撑，"可测评"变得更加准确可靠。有了个体素质和心理的可测性，人才测评才有了可操作性的测量保障。

4. 人岗匹配的必要性特点

企业为员工提供的岗位是有分工的，不仅表现在工作任务或内容有所区别，同时岗位承担的权责也有所差异。也就是说，不同的岗位赋予管理者的决策力和影响力有所不同。正因为工作任务有别、权责存在差异性，将合适的人才安置在合适的岗位上才能有效合理利用企业有限的资源，充分发挥人才最大潜能，达到人力资源效益最大化和企业效益最大化。

（三）人才测评的基本原理

人才测评发源于西方心理学，现代人才测评源于美国心理学家卡特尔提出的"心理测验"。在人才测评发展过程中，其吸收了管理学、社会学、组织行为学等交叉学科理论，主要包含以下几个理论。

第一，匹配理论。该理论是从人岗匹配理论发展而来的，即选拔的人才的能力、特质和工作特质能够满足岗位需求。因此需要动态实行人才测评，不仅关注人才测评结果，而且还要关注岗位的需求变化，根据岗位需求实现人才测评的变化。因此岗位匹配是人才测评的重要环节。

第二，推断理论。该理论指的是人才测评的结果是一个推断性结论，不是绝对测量结果，因此需要对人才测评进行优化，使其推断性结论与人才真实水平尽可能一致。因此其需要使用更加科学、精确的方式对人才进行全面的测评。

第三，误差理论。在人才测评的过程中，人才测评结果与人才真实水平存在误差。这是由于人才测评所使用的方法中存在主观推断，以及实际执行过程中个人的临场状态等实际操作问题，也会影响测评结果，无法做到绝对的客观。在人才测评的方法上存在量化困难、权值选择困难等问题。所以只能尽可能减小人才测评与实际结果的误差，使其控制在可控、可接受的范围内。

（四）人才测评的重要指标

1. 人格特质

"人格特质"体现的是个体的个人修养、品行、素质等方面的内容。

"道德品质"是每一个优秀人才应该具备的基本品质，是企业健康长远发展的基石，也是其他员工成长与进步的标杆和模范。

"个人魅力"即个人影响力和人格魅力，其影响力越大，与下属达成合作的程度越高，实现个人或组织绩效也就越容易。

"廉洁自律"是对个体在工作中应该表现出的个人品质的具体要求。

在此基础上，将"道德品质""个人魅力"和"廉洁自律"3个二级指标归入"人格特质"的维度中。

2. 胜任能力

"胜任能力"体现的是个体胜任某个岗位必须具备的管理能力和综合素质。

"业务熟练"是指个体完成所属领域以及所在岗位业务的能力和熟练程度。业务能力是胜任管理岗位应该具备的基本能力，而业务熟练度更是考验其在该领域或岗位上的专业深度与广度。

"团队合作"是个体处理自己与上级领导、下级员工之间关系的能力，是充分利用人际关系处理好个人与社会资源整合，为企业获取经济效益的能力。

"团队建设"体现的是企业相关人才为本部门、本团队选择和培养其他人才的能力，其目标的达成是基于团队管理实现的，它是衡量人才能力的一项非常重要的指标。

"综合管理"（即管理人、财、物等资源的能力）是指个体为高效实现企业或组织绩效目标，对人、财、物等资源进行合理配置、科学管理、综合协调的能力。

"领导才能""沟通协调"都是衡量人才管理能力高低的主要指标。

在此基础上，将"业务熟练""团队合作""团队建设""综合管理""领导才能""沟通协调"6个二级指标归入"胜任能力"的维度中。

3. 知识技能

"知识技能"体现的是个体要胜任相应岗位所必备的基本专业知识和技能。

"学识水平"能直接体现个体的知识积累以及在该领域的专业文化水平。

"学习提升"是建设学习型组织必须具备的能力，影响着团队的学习态度、学习效果。学习能力强的人才能有效提升团队的知识水平。

"工作态度"是个体对工作的认知评价、行为倾向，包含了责任感、努力程度，影响着个体的管理行为及工作动机等。

在此基础上，将"学识水平""学习提升""工作态度"3个二级指标归入"知识技能"的维度中。

4.组织绩效

"组织绩效"体现的是个体为实现目标绩效或帮助企业创造经济价值，对各种资源进行有效管理和分配时展现出来的能力与素质。

"绩效管理"是最直接体现管理水平和达成效果的重要指标。

"制度建设"在一定程度上体现了个体对企业文化和制度建设等做出的积极贡献。

"工作效率"是完成目标的时间成本、资金成本等花费情况，是人才管理效率高低的一个重要评判标准，也体现了其工作能力。

在此基础上，将"绩效管理""制度建设""工作效率"3个二级指标归入"组织绩效"的维度中。

（五）人才测评的理论基础

王慧琴、余海斌认为理论基础是现代人才测评研究的理论依据，是人才测评赖以发展的深层内在的灵魂和精髓。任正臣认为人才测评主要的理论基础有人性假设理论、个体差异理论、心理评价理论及人职匹配理论。人才测评是一项系统且复杂的工作，充分理解测评的理论基础对于后期的研究及构建工作有重要意义。

1.人性假设理论

人性假设是指管理者对于人的本质属性的基本看法。管理者以不同的人性假设为前提，在实践工作中体现着不同的管理理念和行为。对于人性的认识，先后经历了"经济人"假说、"社会人"假说、"自我实现人"假说和"复杂人"假说等阶段。

（1）"经济人"假说

18世纪，英国学者亚当·斯密（Adam Smith）提出"经济人"是指完全以追求物质利益为目的，以最少的付出得到个人私利的最大满足，工作的目的只是获得报酬。

（2）"社会人"假说

梅奥（Mayo）根据霍桑实验提出"社会人"假说，认为人不是孤立存在的，人具有社会方面和心理方面的需求。相对于经济报酬，人与人之间的和谐关系和组织的归属感更能激励人的行为。管理者不应只关注任务的完成情况，也要注意满足人的需求、关注职工间的关系、提倡集体奖励，并提出了"参与管理"的管理方式，开辟了管理实践的新方向。

（3）"自我实现人"假说

亚伯拉罕·马斯洛（Abraham Maslow）提出需求层次理论，认为"自我实现"是人类最高层次的需求，指的是人需要发挥自己的潜能，最大化地表现自己的才能，才会得到最大的满足。但是因为环境的束缚，大多数人都达不到"自我实现"。管理工作的重点转为创造一种舒适的工作环境及条件，激发员工的潜能、满足员工的自我实现。

（4）"复杂人"假说

20世纪60—70年代，美国学者埃德加·沙因（Edgar Schein）提出"复杂人"假说认为人的需求和动机是多种多样的，且随着环境、个人发展、生活条件的变化而变化。根据"复杂人"的假定，约翰·莫尔斯（John Morse）和杰伊·洛希（Jay W. Lorsch）提出超Y理论，认为人有着不同的需要和动机，但最主要的需求是实现其胜任感；每个人实现胜任感的方法都不同；工作、组织和个人三者的最佳配合能引发强烈的胜任动机。这对我国的管理工作起着重要的借鉴作用。

2. 个体差异理论

德弗勒（Defleur）提出了较为完整的个体差异理论，他认为个体差异是指在社会中，个体先天禀赋的差别和后天环境条件的差异以及由此形成的个体差异，包括需求的差异、动机的差异、兴趣的差异、世界观的差异、性格差异及能力差异等。

对人的素质及行为的测量，首先是建立在对个体差异认识的基础上的，每个人的素质都存在差异性，使得人才测评具有了必要性。同时，由于成长和工作环境的不同，每个人的生理特点及遗传素质不同，接受的教育不同，所形成的人的素质也是不同的。正是由于素质的差异性，使得人才素质测评具有可能性。个体素质的差异是人才测评的前提条件。

3. 心理评价理论

心理评价，是指通过心理学对具有不同心理特征的人进行划分。由于人的心理特征受先天和环境两方面影响，所以心理评价也分为先天心理评价和环境心理评价。先天心理评价主要是针对人的先天特征进行评价，比如某些人天生对色彩敏感，可以从事美术设计类工作；视觉灵敏的人可以从事射击类工作。

一个人的心理特征不只是由先天决定的，还受后天影响，例如，人的内向或外向气质。某些人具有沉稳气质，可以从事一些科研技术类工作；部分人属于外向型人格，可以从事销售、客服等工作。不同的心理特征差异会对工作产生不同的影响，因此人才测评的心理评价的意义是通过心理测评找出对工作产生积极影响的心理特征，排除消极的心理特征。

心理评价具有稳定性和可预测性两个特征。稳定性指人在完成心理成长后在一段时间内其心理特征趋于稳定。稳定性包括行为稳定性和心理稳定性。虽然人与人之间存在心理特征差异，但相似心理特征的人其所反映的行为偏好是相同的，因此基于行为稳定性可以对个人心理特征进行预测。

人在成年之后，由于受环境训练和先天影响，世界观和人生观基本形成，其心理特征不会发生大幅度的改变，可以通过心理评价对成年人的性格进行预测，因此心理稳定性保证了心理评价的有效性。

4. 人职匹配理论

人职匹配理论表明每个人都是独一无二的，个人的能力、素质、处事作风都是不同的。而企业内部不同的职位由于其自身属性的不同，如职位需求、环境因素、职位所需个人条件以及工作性质的不同对于职员的能力、个人素质、性格、心理素质等都提出了不同的要求。

人职匹配理论最早是由霍兰德（John Holland）提出的。他认为每个人都可以凭借自己的独特能力找到适合自己的岗位，如果岗位所需员工的能力素质与员工的个人兴趣相一致的话，员工的积极性以及创造性就会得到激发，从而促进工作保质保量地完成。但如果员工与职位匹配度低，不能与职业环境等协调一致，员工的积极性则会很低。

人职匹配理论简单而言既是指员工与其职位相匹配，在岗员工符合该职位的能力需求与素质需求，岗位能够符合员工的发展需求，帮助员工进行长久的职业发展与规划。员工与职位相辅相成，员工素质与职位具有同构性，可以实现人尽其用的目的，帮助企业与个人达到最大效益。

人职匹配相关理论的说明如表1-1所示。

表1-1 人职匹配相关理论

理论	说明
职位差异	企业不同部门、不同岗位所需的人才要求不同，工作岗位的差异导致员工要与其匹配。

续表

理论	说明
测量评定	①测量——人员自身能力素质需要进行定量描述。 ②评定——将测量得出的内容，通过一定的指标进行描述，进而进行人力资源的能力衡量。
统计规律	个体日常行为通常带有规律性及可重复性，人才测评通过统计学等数学知识得出规律，进行人才能力的描述。

（六）人才测评的影响因素

人才测评具有客观性、公平性，不过任何事情都不是绝对的，其在进行的过程中会遭受多个方面因素的影响，主要分析测评人员、测评标准、人员管理、胜任力模型四方面的主要因素。

1. 测评人员的因素

测评人员主观思维的代入。每个人都有着自己的感情，在进入工作状态的时候还会将这些感情不经意间附带进去，人才测评这项活动也是如此。

测评者对于被测评者的评价会受到其主观思维的影响，在不经意间会让被测评者的评价过高和过低。测评人员会受近因效应、晕轮效应、刻板效应等影响，而失去客观的判断。例如，近因效应是指当人们识记一系列事物时对末尾部分项目的记忆效果优于中间部分项目的现象。这会使测评者对被测评者进行测评时只针对最近一段时间的工作绩效与表现，概括评价被测评者在所有评估时期中的状况，从而产生一定的测评误差。

2. 测评标准的因素

在进行人才测评的过程中，需要重视客观因素的影响，尽可能公平公正地评估。例如，有两位推销员工的推销能力是一样的，一位员工在甲地实施推销活动，另一位员工在乙地实施推销活动。若是甲地的经济市场更好一些，在评估销售绩效的时候只按照数量标准来衡量的话是否公平值得考虑。

因此，在进行评价的过程中，需要注意工作环境、影响因素、工作性质等多种因素，从客观的角度来看，需要重视在客观的环境中实施类型相同的工作绩效评价，尽可能防止出现客观条件差异过大的状况。

3. 人员管理的因素

因为测评者对被测评者有着一定的意见而导致测评信息出现误差的现象叫作偏见误差。例如，若是公司测评者以往的学习专业是技术工程，那么其可能就会下意识觉得文科专业的管理者只会纸上谈兵，并没有什么真本事，对文科专业管理者进行评价的时候，就会下意识降低评价等级。

不过，一些企业在任命经理等重要管理岗位的时候，却会优先挑选文科专业的工作人员，觉得文科专业的他们在人际交流方面的能力会比较强，对于工科专业的员工就会下意识觉得他们不善言辞、讷口少言，这种情况下就会严重忽视他们的自身能力，不利于企业的人才选用和团队建设。

4.胜任力模型的因素

胜任力模型的建立是人才测评的关键步骤，构建胜任力模型需要结合岗位职责、绩效标准、企业发展战略、人才需求等方面，通过充分的数据调研分析统计，确定人才的岗位胜任力特征，等同于企业的人才标准。

在胜任力模型实践过程中，胜任力特征的量化程度总是容易被忽略，很多高级管理人员关注的员工忠诚度、道德品质、修养等特征，不容易被准确测量评价，这对评估者的原则性、客观性、测评技术的掌握要求很高。因此，确立胜任力特征时要充分考虑实操性和量化程度。

同时也要注意，胜任力特征不宜过多、过精和过虚，一般特征不宜超过7个，测评方法不宜超过3种，否则测评过程会过于复杂、时间较长、难度增加，可能会使得测评被形式化，失去了人才测评的意义。

（七）人才测评的信度、效度

人才测评的信度、效度由测评工具和测评方法决定，不同的方法和工具带来的评价效果不同。

信度指的是人才测评结果的可信度，其反映在测评结果是否稳定，稳定性越高其人才测评的信度越高，其结果越令人信服，比如对某个人才多次测评结果越相似则表明该结果是可信的，反之每次测试结果不一致甚至产生较大的出入，其结果是不能令人信服的。

效度指的是测评工具的有效性，即测评工具给出测评结果的精度。测评工具精度高，其生成的测评结果可信性越高。

人才测评的信度与效度是相辅相成的，高效度的测评工具带来高信度的人才测评结果，因此在进行人才测评的时候需要对其信度和效度进行同时考虑，以得到一个企业可接受的结果。

在人才测评的信度、效度研究上，在心理分析方面，汪海彬通过情感量表对本科学生进行内隐消极、积极性格测试，提出心理测试工具与测试结果中信度、效度的相关性。

在测评场景模拟方面，王会会等人发现场景仿真能够实现较好的测评信度和效度。王亚平总结事业单位结构化面试，给出了结构化面试的信度、效度评估方法。

在测评实践方面，施建祥制定大学生就业模型并组织学生进行测试，根据学生测试的结果进行信度、效度分析，将反馈分析结果用于模型开发，进一步提高模型的效度。

李艳辉等人在测评过程中添加部分约束，根据随后的访查发现，建立评估约束机制能够增加评估结果的信度。

部分学者认为，测评信度、效度不仅与测评模型设计有关，也与被测评者的性格和岗位特征有关。

总体上，信度、效度是国内外学者研究人才测评的热点。学术界通过研究不同的人才测评方法和模型提高人才测评工具的效度。企业方面，通过选择合适的人才测评工具提高人才测评的信度。因此人才测评的信度、效度需要理论与实践相结合，通过理论创新提高实践的效果，实践结果反馈给学术理论，为理论验证提供有效数据，促进测评工具的改进提高。

三、人才测评的类型

人才测评的类型按不同的标准有不同的划分。按测评范围来分，可分为单项测评与综合测评；按照测评技术与手段划分，有定性测评、定量测评；按测评主体来划分，有自我测评、他人测评、个人测评、群体测评、上级测评、同级测评与下级测评；按测评时间划分，有日常测评、期中测评与期末测评、定期测评与不定期测评；按测评结果划分，有分数测评、评语测评、等级测评以及符号测评；按测评目的与用途划分，有选拔性测评、配置性测评、开发性测评、诊断性测评与考核性测评。下面介绍按目的与用途划分的几种测评。

（一）选拔性测评

选拔性测评是一种以选拔优秀人员为目的的素质测评。这是人力资源管理活动中经常要进行的一种素质测评。许多待遇优厚、工作舒适的职位，常常有众多的求职者。尽管我们采取一定的形式筛除了许多不合格的求职者，但最后仍然存在不少可供我们选择的合格者，此时需要我们实施的就是选拔性的素质测评。

（二）配置性测评

配置性测评是人力资源管理中常见的另一种素质测评，它以人力资源的合理配置为目的。现代企业的人力资源管理要以"人"为中心，使人力资源进入最佳状态。人力资源最佳利用的前提是人职匹配、人适其事、人尽其才、才尽其用。因此，在人员配置中我们经常需要运用配置性测评。

配置性测评与其他类型的素质测评相比，它具有针对性、客观性、严格性等特点。

(三) 开发性测评

开发性测评，也可以称为勘探性素质测评，是一种以开发素质潜能与组织人力资源为目的的测评，主要为人力资源开发提供科学性与可行性依据。

人的素质具有可塑性与潜在性。有些人当前也许并不具备某方面的素质，但他可能具有发展这方面素质的潜力。如何发现这些人的潜力呢？显然有必要实施开发性测评。在每个企事业组织中，存在着不同类型的人力资源，要明确人力资源的基本形态，就必须实施开发性的素质测评。

(四) 诊断性测评

诊断性测评的目的在于了解素质现状或素质开发中的问题。在企业管理中，我们常常遇到这样或那样的问题，需要从人员素质方面查找原因，这就需要实施诊断性测评。诊断性测评与其他测评类型相比，主要特点有：测评内容或十分精细，或全面广泛；诊断性测评的过程是寻根究底。

(五) 考核性测评

考核性测评，又称鉴定性测评，是以鉴定与验证某种素质是否具备、程度大小为目的的素质测评。考核性测评经常穿插在选拔性测评与配置性测评之中。

在操作与运用考核性测评时应注意以下几个原则。

①全面性原则。即要求考核性测评的范围，要尽可能遍及素质形成的全过程以及素质结构中的所有因素。这样才能够突出考核性测评的概括特征。

②充足性原则。这一原则要求所做的每一个评价都要有充足的依据，是事实本身的反省而不是事实的主观推论。这种充足性应体现在测评依据与测评信息的搜索与确定上。

上述五种测评类型的划分是相对的，实际上它们往往是交织在一起的，运用时，既要综合发挥，又要有所侧重。

第二节 人才测评的作用

一、有助于人才的选拔和使用

传统的人才选拔方式往往带有强烈的主观因素，面试官往往在接触面试者的前五分钟之内就已经确定是否要雇佣该面试者，这样的主观性判断往往不能充分了解到面试者本身的工作能力和综合素质等情况，进而容易导致面试者应征上岗以后不能很好地适应岗位需求的现象。

利用人才测评技术能够较为充分的掌握应试者的能力及素质，便于面试官在人才选拔过程中择优录取。

二、有助于人力资源状况的全面检测

传统的人力资源信息只是包含应试者的性别、年龄等信息，并不包含应试者的基本素质与个人的能力检测。在当今日趋激烈的人才竞争环境中，仅仅拥有简单的年龄等信息并不能够帮助用人单位合理选择有用的人才。人才测评技术可以全面检测到应试者的个人素质等相关信息，结合当前应试人员的能力做出合理的管理与使用策略。

三、有利于对人才的激励

对于员工而言，职业能力的提升不仅直接和职位晋升相挂钩，还可以大大地激发员工的上进心和工作积极性。员工可以通过人才测评中的要求清楚地了解自身的优点以及不足，从而有助于员工在以后的工作中制订清晰可靠的能力提升计划，最终达到较好的人才激励的效果。

四、有助于人才的合理配置

通过对企业员工的素质、能力进行测量评定，可以以人才的发展规律为基础对人才做出一定的预测，将最合适的人配置到最合理的岗位发挥最大效用，提高人才的成材率。人力资源管理的目的是使人的价值和使用价值最大化，所以采用科学的人才测评方法，可以了解个人能力与职位要求的匹配性，了解个人性格、兴趣、动机、气质等与职位发展的匹配性，了解个人工作风格与团队风格的匹配性，确保将正确的岗位放到正确的位置上做正确的事，使企业充满活力。

五、有助于人才的有效开发

通过对人才的测量评定，可以全面普查企业的人力资源，了解企业员工的潜质和价值，为企业对人才进行下一步的培养和发展提供科学依据，有利于企业有针对性地制订人才发展计划，加强对人才的了解，避免企业人才的流失。

六、有助于人才的考核

对人才的测量和评定，不仅要评估员工的素质和技能，还要评估员工对企业的忠诚度、对工作的投入程度和与同事间的协同度。从广义上讲，对员工的考核属于人才测评的内容。通过人才测评可以帮助企业管理层制定合理有效的薪酬激励政策，激发员工不断提高自身素质和工作能力的愿望和动机，实现企业与个人的双赢。

七、有利于团队建设

优秀团队不是一个个团队成员的简单叠加，优秀是体现在团队成员的整体素质和凝聚力上的，团队建设和完善离不开人才的选拔和配置，人才测评为挑选团队成员提供了依据。运用人才测评技术的程度体现了团队成员在选拔、配置、考评和培养发展方面的科学程度。

第三节 人才测评的方法与技术

一、笔试法

笔试法是一种最早也是最普遍的人才测评方法，该方法被用于各个国家的社会人才选拔、职业资格和教育考试选拔。笔试法从古至今一直沿用选拔考试方法，现代企业中笔试法也是不可或缺的一部分，其在原有的基础上添加了标准化测试，将笔试法评判标准从原有的主观评判转为客观答案，使整个笔试法更理性，容易控制，实现了考试的标准化。随着时代的发展越来越多的新方法加入笔试法中。

笔试法分为基础笔试法、专业技能笔试法和应用笔试法。

基础笔试法主要是测试人才的基本素养和基础能力，测试面广，能够有效实现人才基本素养的综合评价，一般作为人才测评的第一步测试，能够快速筛选基础员工，其测试题目多为客观题，具有标准答案。

专业技能笔试法主要用于测试人才的专业技能水平，其测试面较窄，试题主要在专业技术方面，如建造师的专业技能考试，其只注重专业理论方面的考试，其他方面不做涉及。

应用笔试法是在专业技能的基础上将技能实践添加到考试内容中。需要应试者将专业技术应用到具体的生产和工作中。

因此，笔试法具有高效、快速、考察全面的优点，且能够兼顾公平性原则，能够帮助管理者低成本快速筛选出所需要的基础性人才，这些优点是其他测试方法所不具备的。

笔试法的缺点也很明显。首先，出题人水平高低和主观好恶会直接影响笔试试卷的质量，比如知识点覆盖不全等问题，甚至出现试题错误等情况。其次，受心理状态和身体状态的影响，参试者的应试能力是不确定的，可能无法真实反映参试者的水平。最后，笔试只能考察应试者的知识水平，无法考察应试者的心理水平、协调能力及语言表达能力等多种性格类能力。

二、面试法

为了弥补笔试法的不足，组织者根据需求，在特定的场景下设计的谈话和考察称为面试法。根据试题内容，面试分为基础面试、特质型面试和内在型面试。基础面试主要考察应试者专业知识和场景应对能力。特质型面试主要观察应试者的反应能力和性格特质，甚至是其外貌和难以描述的气场等。内在型面试主要考察应试者内在心理以及团队协调能力等。

面试法与笔试法不同，面试需要组织者与应试者面对面的交流，能够直观地对应试者的应对能力进行判断。面试法又分为结构化面试和非结构化面试。由于结构化面试具有固定流程、专有题库、固定流程和固定标准，所以结构化面试相较于非结构化面试更为标准，更能客观地对应试者进行评价，所以国家机关及事业单位考试更青睐于采用结构化面试，但是结构化面试涉及多个环节和复杂的评价系统，所以对考官要求较高，需要考官有丰富的面试经验。

面试法的优点是能够面对面直观交流，是一个双向选择的过程，不仅是考官对面试者进行评价，面试者也通过考官对工作机会进行评价，且面试法具有很强的灵活性，能够考察到笔试法所不能考察到的部分，如谈吐、交流能力和处理能力。但是其灵活性造成的缺点也很严重，受考官的主观影响很大，面试结果与考官的喜好关系很大，无法保证人才测评标准的一致性，所以当前面试法，尤其是结构化面试法主要任务是提高其客观性，降低个人主观对面试结果的影响。

三、绩效考核法

绩效考核应用较为灵活，测评方法较多，应用广泛的有目标考核法、关键绩效指标考核法。目标考核法是企业为部门和各岗位制定相应的指标或评价标准，通过对应所制定的指标和评价标准完成业绩，从而考评部门和员工绩效。关键绩效指标（KPI）考核法是将企业的战略目标分解为明确的、切实可行的工作目标，以此工作目标为标准对相关部门、岗位进行业绩衡量。

四、九宫格法

九宫格人才测评是最常见的人才盘点工具之一，它通过横轴和纵轴的两个维度将组织中某一特定岗位或层级的员工分为九个类别，从而采取针对性的使用和发展培养。它能够直观地展示组织内的人才储备度和成熟度。它将评价维度各分为三档，以工作绩效为横轴，分差、良好和出色三个位置；以潜能为纵轴，分低、中、高三个位置。在划分后的九个格子中，每个格子都反映了被考评人潜能和绩效的表现情况。能快速发现优秀人才，正是九宫格人才测评的优势所在。

九宫格人才测评在企业中的应用十分广泛，有较强的经验基础和较多的借鉴典范，较为符合企业人力资源的发展需要。九宫格作为人才测评方法之一，有其独特的优势，尤其面对企业人员结构复杂的情况，实施有针对性的测评时，非常具有实用性。它的优点就在于可以把人才一一对应匹配，形成"人才地图"，企业人才现状一目了然；同时在时间、人力、物力、成本方面耗费较少，适合企业内部自行组织实施，不需要专门聘请专业机构进行测评指导。

现阶段九宫格人才测评研究是企业人才能力建设的一项重要工作。按照现有岗位序列，盘点各个业务链上岗位、层级的人岗匹配情况，运用科学手段对分布不同的各岗位人员开展分析研究，可盘点出企业亟须补充的人才，建立人才梯队，作为选人、用人的重要依据，进而分析员工的短板、优势，确定员工的发展方向、培训方向、培训目标、建立职业生涯通道，也可以为公司薪酬设计、人员晋升、职业规划、岗位轮换、专项培训提供可靠依据。

建立岗位胜任特征模型是开展九宫格人才测评的重要基础前提。

第一，划分企业业务模块，建立业务链，如企业的财务业务、行政管理业务等模块，对应各个部门，再具体对应至岗位，形成一条完整业务链。

第二，建立岗位胜任特征模型，确定模型维度，维度的选择可以企业人才需求为依据，如以绩效和潜能两个维度为特征，确定"九宫格"图表的衡量标准。

第三，应用"九宫格"图表将业绩考核与素质测评统筹结合，是对员工进行人才测评的最关键工具。按照建立的胜任特征模型，确定"九宫格"的横坐标为绩效维度，纵坐标为潜能维度，开展相应测，将员工分别放在不同的格子里。横轴将绩效再分为三个等级，纵轴将潜能分为三个等级，分别一一相互对照，形成不同的人才区域。

五、心理测试法

心理测试法主要用于笔试和面试之后，由人力资源部门对人才进行测评，通过人岗匹配理论和心理预测，对岗位进行心理预测，给出岗位胜任特征，以此验证人才岗位适应能力，从而为人才测评的准确性提供依据，提高人才测评的有效性。心理测试法来源于西方心理测试，因此需要借助大量心理学知识和方法，如传统心理学的比奈心理测试、冰山理论等。

目前常用的心理测试主要有：职业兴趣测试、人格测试、能力特征测试。根据人才行为特征推断人才的性格特征和胜任能力，这是心理测评的根本目的，其本质是推断出人才的潜意识特征。

六、履历分析法

履历分析法即对人才的个人背景、生活经历和工作经历进行分析，如家庭背景、曾经的工作单位和获得的奖项等。通过这一方法能够在初审中快速筛选出合格的人员，且该方法具有广泛的适用性，能够通过过去的经历预测未来工作的胜任能力。履历分析法相对比较客观，可以根据履历内容和岗位要求设计筛选权重，针对履历情况设计履历表。

虽然履历分析法具有快速、客观和无需准备的特点，被越来越多的人力资源部门运用，但其也存在很多问题。首先是履历的真实性，如果履历造假，履历分析法将没有任何意义，并且会混淆招聘者的判断；其次是随着时间的推移，履历的有效性也随之降低；再次是履历表的设计需要科学论证，如果没有合乎逻辑的解释，无法对人才进行有效预测；最后是履历分析具有一定的主观性，受用人单位好恶影响权重的设置，会影响其有效性。所以履历表的设计应以客观项目为主，少量添加部分主观项目，并且降低伪造风险。

七、评价中心测评法

评价中心测评法是一种多技术复合应用的人才测评方法，它针对某一岗位、某一场景进行设计，使用对应测评技术考察应试者的综合能力。常用评价中心测评法的场景有：无领导讨论、主持会议、角色扮演和处理公文等。

NormStar（一家人力资源咨询公司）总结了四条评价中心测评法的内涵，这四点是保证评价中心测评法有效性的基础。

第一，多技术复合应用，其需要多种技术和方法共同判断，单一方法无法对整个场景表现进行有效的评价。

第二，通过对岗位需求分析设计测试场景，通过面试者场景的表现推断其岗位适应性，具有一定的选拔针对性。

第三，要根据测评场景和岗位特点使用测评技术，测评的过程要具有针对性和科学性，能够真正反映出应试者的真实水平。

第四，多名成员做出共同评价，每一次评价都是由多次共同讨论得出的，可以有效避免个人喜好的影响。

由于以上复杂要求，所以评价中心测评法需要有效的组织，这制约着该方法的发展和应用。因此对评价中心测试法过程场景进行专业科学的设计，是其发挥评价效果的基础。

八、情景判断测验法

情景判断测验（Situational Judgment Test，SJT）是一种有效的人才测评工具，通过在测验中向被试者描述在现实工作中真实发生的问题情境，根据被试者的作答判断推测其是否具备该工作所要求的胜任特征。情景判断测验具有丰富多样的形式，通常以纸笔测验的形式进行，也可以口头、录像等形式呈现。

情景判断测验具有模拟真实工作情景的效果，更容易诱导出被试者的各种素质。情景判断测验也具有更高的表面效度和更低的研发成本，与工作知识相关较高，对不同群体产生的负面效应较小。

情景判断测验的测验结果实际应用中会受到多种因素的影响，例如，情景呈现的方式、测验提问的方式与答案确定的方式。学者罗宾斯（Robins）提出，情景判断是一个复杂的信息加工过程，需要被试者准确地理解情景，利用信息并结合过往的经验，有效地处理问题。所以情景判断测验的研究不能仅仅关注成绩，还要对此前的数个阶段与影响再做探讨。

情景判断测验作为一种模拟测验，对工作绩效有较好的预测效度。同时相对于评价中心测评等其他的人才测评方法，情景判断测验开发成本较低，使用过程简单，使用门槛较低，使得近年来不断有学者投身情景判断测验的开发和研究，在实际工作中，情景判断测验也逐渐走入了大众的视野。

情景判断测验一般用于胜任力模型的测评，国内已经有许多著名的研究成果。如姚庆玲2009年编制的企业中层管理者一般管理素质情景判断测验，或是董圣鸿等人2016年对幼儿教师胜任力编制的情景判断测验。情景判断测验的一般编制步骤如下。

①通过整理文献、访谈资料、专家讨论或工作分析等方法，取得一些与实际工作相关的情景，挑选具有代表性的完整的典型情景作为题干。

②通过请企业员工实际填写对问题可能发生的应对方法，结合访谈资料，收集可能出现的反应项目，再进行归类整理和筛选，保留3～6个选项作为题项，与题干组成试题。

③根据实际情况，选择答题模式与计分方法。

具体又可细分为以下几个步骤。

（一）收集典型情景

关键事件法由美国学者弗拉纳根（Flanagan）和伯恩斯（Burns）在1954年共同创立，是一种开放式的行为回顾式探查技术，要求受访者列出对自己职业生涯或职务行为中具有代表意义的、特别好或坏的事件。受访者必须非常详细地描述该事件的背景、起因、事件内容、特别的行为以及行为的后果。

为了保证情景判断测验的效度，访谈得到的情景必须是完整的、具有代表性的。访谈分为以下三个步骤。

第一个步骤是对受访者介绍本次访谈的目的，强调访谈的保密性，与受访者进行简单的沟通，消除其紧张感，并详细地向其解说维度的定义和情景描述的要求。

第二个步骤是访谈的关键，即关键事件访谈，请受访者针对责任心、成就动机和人际交往三个维度，每个维度给出一些正面及负面的典型事件，事件包括时间、地点、人物、起因、经过、处理方式以及结果。这些事件再经过整理和筛选就是本次测验题干的来源。

第三个步骤是向受访者提问，有没有额外的可以分享的，与责任心、成就动机或人际交往相关的，在工作中遇到的让自己记忆深刻的事件。

第三步骤可以作为第二步骤的补充，扩大典型事件的收集范围，也为之后的情景模拟面试编制提供情景。

（二）情景反应选项的收集

选项的选择遵循以下几点原则。

第一，选项必须是对该情景问题的回答或措施，不应出现偏题、答非所问的情况。

第二，选项必须合理真实，必须是在工作生活中真实可能采取的行动。

第三，选项必须有优劣区分度，能体现被试能力的强弱。

第四，选项必须尽量降低社会赞许性，避免被试者在特殊动机影响下的选项趋同情况。

（三）反应项目的形式与计分

情景判断测验的作答形式非常多，主要有选择一个最好的答案、选择一个最可能采取的行动和最不可能采取的行动、为选项进行排序这几种形式，不同的作答方式对测验结果的影响非常大。对此，情景判断测验可采用双选选择题的作答方式，要求被试在选项中分别选择自己最可能采取的行动和最不可能采取的行动。

（四）信度与效度分析

访谈和测验编制过程都要严格按照操作标准执行，确保效度：①参考文献权威，维度选择严谨；②访谈人员涵盖面广、质量高，访谈过程严谨；③收集到的情景和选项完备，挑选出的典型情景与选项在所有情境中出现较多重复，情景具备代表性；④人才专家全程参与，包含理论专家与实践专家，确保权威。

九、层次分析法

层次分析法是一种利用定量分析来解决定性问题的决策方法。它是目前应用最广泛的方法之一，具有良好的理论基础。此外，层次分析法与人力测评相结合，往往导致人力测评的复杂问题得到很好的解决，受到广大测评人员的支持。

本方法根据总目标、各层次目标、评价准则以及备选方案对问题进行分解，得到差异明显的结构层次，结合求解判断矩阵特征向量的方式，得到不同层次每个元素相较上层元素的权重情况，利用加权来得出不同方案对总目标所产生的终极权重，权重最高则为最佳。

层次分析法提供了客观的数学方法来处理个人或群体在决策过程中不可避免的主观和个人偏好。

第一，简洁实用。本方法既不片面地进行单纯逻辑操作，也不过分注重数学方法，而是将两者有机结合起来，既能使问题得到数学化的分析，有利于操作与了解，又能将复杂问题化解为单层次问题进行解决，计算方法简单，结果清晰明了。

第二，定量信息需求少。层次分析法模拟人的大脑决策方法，所需求的要素信息较少，主要着重点在于问题的本质和对问题的理解，因此所得结果简单易懂，便于决策者掌握。

第二章 人才画像

大数据技术能够令人们更容易采集信息，还可以利用数据分析技术为企业提供更多的服务，而人才画像技术为大数据技术的主要应用之一。人才画像技术的目标为从多维度、角度建立针对人才的代表性标签属性。本章分为人才画像概述、人才画像技术、人工智能人才画像的人才培养路径三部分，主要内容包括：人才画像的基本概念、人才画像的描绘方式、人才画像技术概述等。

第一节 人才画像概述

一、人才画像的基本概念

《论语·里仁》有曰："见贤思齐焉，见不贤而内自省也。"意思是说，见到德才兼备的人就要向他看齐。通用素质、岗位胜任力的标准，分析了"需要什么人"这一基本问题，使得企业可以从"软性+硬性"角度清楚地知道相对量化的人才标准。但从实践角度来说，我们总想看到"具体的人"，除了一些量化标准，还需要一些更生动的具体行为，某一典型行为就可以为某个人进行准确的特质和特征勾画，做到"闻其声，见其人"。这种方法，就是人才画像。

在人才管理中，为了精准定位招聘、选拔人才的特质，人们根据"交互设计之父"艾伦·库伯（Alan Cooper）提出的"persona（虚拟代表、人物模型）"观点提出了人才画像这个工具。在岗位说明书、岗位胜任力的基础上，结合行业内外优秀人才的基本特质，提炼出属于本组织特定岗位人才的基本特征。既有岗位的硬性要求，也有人才的自身特质；既有理性的工作要求，又有柔性的行为描述。由于有"特征"和"行为"的介入，人才的招聘、选拔、评价行为才变得更为精准。

总的来讲，人才画像就是人才管理者依据某个岗位上某类人才某些可量化的特征在表现过程中所携带的证据信息，用抽象的简易图像或标签来定义人才所属的类型。

二、人才画像的描绘方式

人才画像主要有状态图、标签图和雷达图三种描绘方式。

状态图较适合对员工当前状态进行展现，如雍志娟利用数据挖掘技术，从知识、技能和业绩三个维度绘制了专业领域知识服务体系人才标准画像与现实画像，其中标准画像是以人才素质模型为蓝本进行勾勒，而现实画像则是对员工一段工作周期内留下的种种数据及痕迹进行捕捉清洗得到的。

标签图较适合对顶尖人才和关键人才进行精准刻画，如范晓玉通过多源动态数据对科技人员进行画像构建，并利用可视化工具呈现了科研人员画像。茶利强等通过分析描述高潜人才的共性特征，精准刻画出一副立体生动的高潜人才画像。除此之外，周锐等还利用可视化技术将多组静态图进行时空展示，最终实现了相关信息的多维度、全景化与实时呈现。

雷达图较适合从整体角度对画像进行差异化的呈现，如魏明珠等借鉴"人物角色法"，用雷达图的形式概括了不同群体的人才画像。

第二节　人才画像技术

一、人才画像技术概述

人才画像技术能够帮助企业发现人才特质和岗位需求间的匹配关系，为人才与企业提供更好的建议，将人才画像数据作为基础，构造动态分层的分段调整体系，改进人才培养目标，发挥真实数据的充分作用，提高人才招聘质量与效果。

（一）人才画像技术依据

人才画像技术的主要依据为二层数据仓储设计，第一层为原始数据采集与预处理，通过人才数据后台、网络访问的方式采集数据并完成汇总，对采集数据进行清洗处理，将冗余数据删除；第二层为分析结果，主要负责对数据集成后的标签进行保存，构建人才画像，其中标签可设计成内容与权重两个部分，对人才提取的标签内容并非一直不发生改变,其权重随时间的改变而改变,利用标签能够对人才提出有针对性的选择方案。

(二)人才画像数据信息采集与预处理

在大数据环境下,可挖掘的人才数据信息很多,应利用数据分析技术对人才用户特征标识数据进行采集。

采集的数据中有很多冗余、重复和错误数据,为了提高数据的准确性,防止对标签挖掘和决策产生不利影响,应通过数据分析算法对采集的原始数据进行清洗处理,防止冗余标签干扰挖掘操作。

二、构建人才画像模型

(一)人才画像模型

用户画像究其本质是一种多维标签组合的建模,人才画像可利用岗位说明书、任职标准等勾勒出岗位各个维度的标准画像。招聘信息的显性岗位描述和内在潜质共同形成了人才画像,不但包括基本属性与具体属性,也涵盖了基本资历、专业知识、工具技能和能力素质等要素。我们可以将研究对象的人才需求特征类比为用户画像中各综合人物原型,并从研究对象、画像目标、模型要素、研究方法和表现形式多个角度构建标签化的人才画像模型,如表2-1所示。

表2-1 人才画像与用户画像思想的类比

类比元素	用户画像	人才画像
研究对象	用户	网络招聘人才需求
画像目标	各类用户人物原型(3~7个)	我国最为典型的招聘平台(如前程无忧、智联招聘和赶集网等)的人才需求
模型要素	用户的自然属性、关系属性、兴趣属性、能力属性、行为属性等	人才的基本属性(学历、专业和工作经验等)和具体属性(专业知识、工具技能和能力素质等)
研究方法	定性、定量方法	侧重定量分析方法
表现形式	标签化用户模型	标签化人才模型

(二)人才画像模型构建流程

基于招聘数据的人才画像构建本质是对人才需求进行数据化→标签化→可

视化的过程。人才画像模型构建流程大致可分为数据采集与处理、构建人才画像模型和人才需求特征挖掘。

人才画像模型构建的具体步骤如下。

步骤一：数据采集与处理。以影响力较大的招聘平台作为数据来源，借助网页爬虫获取每条招聘信息中的工作经验、学历、岗位职责和任职要求等文本，并进行字符过滤、文本分词和去停用词等操作，形成有效的人才画像数据集。

步骤二：细分画像的构成维度，构建人才画像模型。从基本属性和具体属性两方面出发，构建二维多级标签体系的人才画像模型。其中基本属性是企业需求的显性职位描述，包含人才的学历、专业和工作经验等；具体属性是人才需求信息的具体深层表现和需要挖掘的隐形内在潜质，包含专业知识、工具技能和能力素质等。

步骤三：人才需求特征挖掘。重构全面、准确的词典是成功挖掘人才需求特征的关键，但使用常用词典和Jieba库（中文分词第三方库）现有的词典提取和识别专业术语难度较大，故可以随机选择500条招聘信息样本进行关键词抽取、高频词筛选、语义近似词增补等操作以构建一个相对完整的专业领域招聘词典。

三、人才画像技术应用的注意事项

（一）结合业务

在构建人才画像的过程中需考虑实际业务场景或所属领域，防止过于抽象；在不同环境下标签的名称在很大程度上有不同的意义，应分别对待。

（二）控制粒数

画像粒度并非越细越好，分割标签也并非越多越好，分割的标签数量越多，描述性能越差，越可能为伪特征。

（三）动态变化

不可盲目采用人才画像，人才画像绝大多数是静态特征，但人才特征也会随时间与空间的改变而发生改变，也有一定的动态人才画像信息，例如，人才在招聘网站上的访问路径与时间等。

第三节　人工智能人才画像的人才培养路径

一、优化课程体系

全球技术最尖端、方法最工程化的卡内基梅隆大学非常重视人工智能专业中的人文艺术通识课程教育，其培养方案七大板块包括了人文与艺术、道德与伦理两大部分共8门选修课程，可见人工智能这一专业培养跨界、复合和综合型人才能力素质和通识教育的重要性。

雇主的招聘要求不局限于专业知识、工具技能等，还表现出通用能力的需求特征。无论人工智能行业技术发展程度如何，人际沟通、团队合作等能力素质是无法被新技术所替代的，如果缺乏应变能力、适应能力与沟通能力，毕业生将无法融入校门外快速变化的社会，其自身所掌握的知识也难以运用到工作之中，适应新环境所耗费时间和精力将使毕业生失去"即战力"。这需要学校在人工智能专业人才培养时给予学生更多的实习机会，帮助学生走出校门，投身实践，真正融入人工智能行业的工作氛围。

此外，实习过程中学生通常需要以结果为导向，以解决实际问题为目标进行自主学习，提高问题解决能力。因此，应多关注学生通用能力素质和人工智能素养的培养，设置大学生创新思维等能力素质培养课程，注重培养学生各项积极的性格特征，尤其是人工智能岗位所需要的团队合作和沟通协调能力。

二、转变教学模式

人工智能新技术发展提升了信息利用效率，流程化工作的劳动力将被机器人取代，企业员工数量随之减少，新技术带来了巨大的人力变革。高校应根据我国人工智能重大战略需求、人工智能产业领域项目应用驱动和人才市场人工智能人才画像，关注"基础理论""算法""平台"和"芯片"等急、断、缺的人才培养短板领域的教学变革。

一方面，应扩大专科生人工智能专业的覆盖面，加大专科生应用实践型人才培养的力度，硕士生教育则倾向于技术研发型人才培养，而本科生教育应全覆盖3类人才培养，即基础研究型人才、技术研发型人才、应用实践型人才。

另一方面，人工智能3类人才需求特征有所差别，因此高校人工智能专业办学不能千篇一律，应结合国家和区域的地方特色，实行分层差异化培养模式。

一是以基础研究型人才为培养目标的综合型高校横向拓展模式，提高学生英语、论文写作和发表的能力；根据芯片和算法突破等人工智能核心软硬件的研发需求，重视芯片和算法的开发、验证和优化等技能的培养。

二是培养技术研发型人才具备工科优势的高校纵向拓展模式，强调数据挖掘、编程、自然语言处理、模式识别和算法框架等的学习，着重算法技术开发、学习算法处理技能。

三是培养应用实践型人才的地方高校多主体协同创新模式，推进产教融合与校企合作，将人工智能产业、技术创新需求与科研需求、人才培养改革相结合，强调人工智能在搜索引擎、机器人、智能交通等领域的应用与延伸，重视技术和算法的应用、技术的开发等技能。

三、弥合"技能鸿沟"

人才是强国的第一资源，高技能人才是促进产业升级、推动经济高质量发展的重要支撑。然而，人工智能不断发展导致了低端操作技能人才的市场需求逐步缩小，高端操作技能人才的市场需求逐步扩大，"技能鸿沟"日益加剧。

高校人才培养为适应市场需求，理应在原有培养方式的基础上优化人工智能人才技能培养方式，加大资金投入，引进人工智能高端先进设备和相关技术软件，紧跟人工智能技术国际发展前沿，设置人工智能最新芯片、技术、系统和平台等方面的课程，同时设置若干技能性较强的综合性的实践课程，加强技术应用能力培养，同时借助线上平台，不断更新先进技术与应用软件平台的教学，弥合人才与就业市场的"技能鸿沟"。

四、深化产学研合作

人工智能领域与各行业的深度融合有赖于复合型交叉学科的人才培养，但部分学校人工智能相关或相近的专业由于跨学科支撑不够、学时限制等原因，毕业生专业知识相对单一，与传统计算机专业毕业生区分度不大，未能满足社会对人工智能复合型人才的需求。

"宽口径"的招聘专业急需具备交叉学科知识的"人工智能+X"复合型人才。因此，应设置学科交叉型的专业或专业方向，如电子工程、自动化、通信工程、数学与模式识别等。对于人才市场对人工智能人才工作经验的高要求，可以秉承"跨界融合、精准培养"人工智能人才的基本原则，深化产学研合作，建立人工智能人才实践平台。

以人工智能教育学科重大理论与科学应用问题为驱动，与人工智能百强企业共建人工智能学院，建设人工智能教学资源体系，通过成立交叉性研究项目、跨学科的师资队伍和实验室等方法提高学生的学科交叉能力和实践能力，以精准匹配人工智能产业的需求。

五、引入优秀社会人才授课

人工智能专业变化快、重实践的特征十分明显，而这与高校教师长时间脱离实践岗位、重视理论研究的特点产生了天然的矛盾。国外高校人工智能专业引入非专职教师人才进入教学岗位的举措，为缓解这一矛盾提供了良好的借鉴。

企业与高校、专职教师与社会人才之间并非冲突关系，双方可以取长补短，人工智能专业同样需要引进优秀的社会人才来授课。社会人才常年工作在专业一线，对专业领域研究前沿、发展现状有更深刻的体会。高校应摒弃教师专职论，积极与企业合作，促进人才相互流通。

六、关注情感意识

不论人工智能和大数据技术的发展程度如何，都要将素质教育作为人才培养的重中之重。因此，高校要更加重视对人工智能人才的素质教育，尊重人的主观能动性以及个性、兴趣，注重开发人的智慧潜能，注重形成人的良好个性和健全的人格。在人工智能人才的企业招聘需求当中提到的职业道德、工作热情、合作精神、服务意识、钻研精神等品质都是呼唤高校素质教育的体现。

一个人只有具备了良好的情感意识，才有可能实现向较高层次的素质或专业素质的"迁移"。因此学校在人工智能人才培养上，不仅要关注人才专业技能的培养，还要深化对人才情感意识的塑造，培养具备人文素养，渴望用技术改变未来的人工智能人才。

七、搭建人工智能知识共享平台

当前人工智能专业仍属于社会高、精、尖研究领域，而教科书、教案存在天然的滞后性，使得本专业学生对于研究前沿缺乏充分的认识。基于此现状，社会与高校应通力合作，建立人工智能和大数据的课程学习平台、项目开发平台和数据库，推动相关领域的学习和合作。

人工智能知识的共享不但有利于提升学生专业素养、激发学生学习积极性、提高学生自主学习能力和创造力，也有利于人工智能专业的整体进步，形成互利共赢、相互促进的良好发展大环境。

第三章　人才盘点

研究人才盘点可以加强相关行业的系统性稳定，推进人才的创新发展。人才盘点不仅能帮助管理者了解到关键人才的人员情况，而且通过系统的人才盘点计划，也可以让员工明确自身的发展方向，努力提高个人绩效和能力。科学高效的人才盘点，有助于公司对战略、组织结构和人才资源进行系统的梳理，发现问题并采取措施，确保公司能不断优化公司的组织结构和针对性培养人才。本章分为人才盘点概述、人才盘点的内容、人才盘点的步骤三部分，主要内容包括：人才盘点的基本概念、人才盘点的主要原则等。

第一节　人才盘点概述

一、人才盘点的基本概念

以下从人才盘点的定义、维度和工具等方面对人才盘点进行介绍，其中对人才盘点的维度进行了重点说明，具体如下。

（一）人才盘点的定义

人才盘点是对组织中的人才进行全方位的评估，识别出高潜人才的过程。人才盘点也是对组织架构和关键岗位人员的绩效、能力、潜力和后备人才的评估和探讨过程，在此基础上制订人才发展计划，最终确保组织有合理的人员结构和卓越的人才，以实现组织的发展目标。

（二）人才盘点的维度

一般来说，人才盘点分为三个维度，分别是绩效、能力和潜力，具体如下。

绩效反映的是人才过往的工作结果，是人才过往在知识、技能、经验、心态、潜力等方面综合运用的结果，可以用来预测未来取得高绩效的可能性。目前市场上常用的绩效评估方法有：关键绩效指标考核法、目标管理法、平衡计分卡法、360度评估法、目标与关键成果法（OKR）等。在人才盘点中，绩效结果往往要看持续的绩效表现，通常需要追踪过往2～3年的绩效表现。持续的绩效表现通常要看过往绩效的趋势，趋势变好，则取好的结果；反之则取差的结果。绩效结果一般分为高、中、低三个等级。

能力反映的是人才现在的状况，是个人素质、知识、技能、经验等综合运用的结果，体现在员工是否能把工作做好，有多大可能性可以把工作做好。对于能力的评价，通常使用胜任力测评来进行评估，常见的工具有冰山模型、胜任力模型、十字路口模型等。

潜力反映的是人才未来的可能性，是人才结合过往的经验，在现有的知识和技能的基础上，面对新的情形的情况下成功解决问题的一种能力和意愿。对于潜力的评价，常见的工具有心理测评、人格测验、智力测试、情商测评、领导力测试、潜质测试、情景模拟和行为观察等。

（三）人才盘点的工具

人才盘点的工具是人才九宫格，人才九宫格又称为人才定位或人才地图。九宫格是一个3×3的数据矩阵，早期是一款数字游戏，起源于周朝的河图洛书。人才九宫格是利用九宫格3×3的格局，将人才按照不同维度进行评估后放入每个格子中，这样可以一目了然地知道人才在九宫格中的位置。

人才九宫格分为二维九宫格和三维九宫格，其区别是评估维度的数量：如果评估维度为两个则为二维九宫格，比如以绩效和潜力，或绩效和能力两个维度进行评估；如果评估维度为三个则为三维九宫格，比如以绩效、能力和潜力三个维度进行评估。在实际操作上，考虑到三维九宫格过于复杂，大多数公司都采用二维九宫格。二维九宫格又分为经典九宫格和高潜九宫格。

经典九宫格是从绩效和能力两个维度进行评估的，当企业业务不稳定、人员能力不足时，通常选用经典九宫格进行人才盘点。

高潜九宫格是从绩效和潜力两个维度对人才进行评估的九宫格，当企业业务稳定、人员能力强时，为了识别出高潜人才，通常选用高潜九宫格进行人才盘点。

二、人才盘点的主要原则

人才盘点的原则主要包括以下四点。

第一，客观公正。以统一的标准和真实的事例为依据，从多维度客观全面地评价人才。

第二，坦诚开放。在一定范围内积极坦诚、阳光透明地分享评价信息。

第三，达成共识。所有人才盘点结果力求达成共识。

第四，严格保密。所有人才盘点相关参与人员均须对所获取的信息严格保密。

三、人才盘点的作用

胡璨认为人才管理是现代企业管理的根本，通过设计优秀的平台管理制度吸引人才和培养人才，从而提高企业的竞争力。他提出人才盘点能更加科学地对公司团队人员进行分类管理，提高管理效率；全方位评价公司管理人才，让能者居其位；提升管理者的识人和用人能力；统一管理者的用人评价标准；同时能把人力资源管理跟公司战略规划衔接在一起。

何叶认为人岗匹配，即将最合适的人安排在最合适的岗位是人才盘点结果的重要应用。她指出企业在动态变化的市场中，需要运用人才盘点来识别和发掘人才，从而保持稳定增长。人才盘点的主要作用是服务于企业的招聘活动，服务于员工职业生涯发展，服务于企业人力资源的使用。

张磊认为人才盘点是对员工实际工作能力的挖掘与培养的过程，讲究的是对组织结构和人才进行系统性的管理，能让企业更加了解人岗匹配的实际情况，帮助企业更明确地制订人资规划。同时，人才盘点还是企业对现有员工进行发掘的过程，可以发掘出企业内部的高潜人才，建立有效的继任者培养机制。

综上所述，人才盘点的作用为：通过人才盘点，企业能清晰地了解对人才的需求，倾听员工的诉求，识别岗位对于不同类型人才的真实需求，将合适的员工安排在合适的岗位上，真正做到人岗匹配；通过人才盘点，对于企业而言能够有效促进人才内部流动，识别高素质人才，针对性培养关键人才，增加人才地图深度；在公司里的员工，也能够在公平、公正的环境下进行工作，了解自身的优缺点，在领导和人力资源部的帮助下进行科学、准确的职业生涯规划，明确自身定位和日后发展方向。

第二节　人才盘点的内容

一、人才数量盘点

在企业人才盘点的过程中，做好人才数量方面的盘点是非常必要的。对于企业而言，在业务量不断增加、企业规模日益扩大的情况下，势必需要比较多元化的人才，这就需要整体保障人才的数量以及储备等。

其盘点内容包括员工的年龄、学历、职称、技能等级等维度，在盘点这些关键维度的基础上，企业能够全面掌握人才队伍的基本情况，更好地帮助企业管理者评估企业的人才储备现状，继而更好地明确人才梯队建设的方向以及战略规划的方向等。

二、人才质量盘点

企业能否实现高效发展，企业业务能否实现高质量发展，与人才质量是息息相关的。在企业人才盘点的过程中，除做好全面且科学的人才数量盘点外，更要做好人才质量的盘点。

人才数量的盘点相对比较简单，可以借助于直观的手段来进行快速盘点，但人才质量的盘点则相对比较复杂。在实践过程中，为更好地做好人才质量盘点工作，有必要依托于科学且高效的盘点方法，实现定量分析以及定性分析的结合，更好地推动人才质量盘点工作的深入发展。

在人才质量盘点的过程中，主要利用人才测评技术，选取关键岗位核心人员，通过行为事件访谈构建素质测评模型，开发测评试题，识别人员能力短板，选拔高潜人才。比如在实践过程中，可以通过搭建能力素质模型，针对不同素质项，结合员工工作场景，开发素质测评试题进行测评，为后续人才盘点和培养规划提供参考依据和方向。

三、人才效率盘点

伴随着社会经济的持续快速发展，尤其是在大数据时代背景下，企业所面临的市场竞争压力是非常大的，企业在进行市场调研以及内部业务调整的过程中，必须紧密结合时代发展需求及现阶段的发展实践等，快速予以响应。为此，在企业人才盘点的过程中，有必要深入全面地做好人才效率的盘点工作。

所谓人才效率盘点，通俗理解，就是重点研判各个岗位人才的工作效率，尤其要通过科学的数据指标等来对比企业在同行业中的发展差距以及不足，继而更好地落实提升效率的方式方法，确保企业实现高质量运行。

第三节　人才盘点的步骤

一、人才盘点工作准备

企业要做好人才盘点工作以促进企业人均效能的提升，那么前期的准备工作就必不可少。

第一，搭建能力模型。企业需要搭建通用能力模型、专业能力模型和领导力模型。企业统一能力评价模型标准可以保证人才评估的公平性，有助于识别企业发展需要的真正人才。一般而言，可以采用行为事件访谈法和能力字典建立的人才识别模型，开展覆盖全公司的员工行为事件的访谈和调研，收集公司代表访谈数据，并结合调研数据和内容进行编码，针对行政、财务、营销等部门搭建能力模型。

第二，规范绩效管理。企业的绩效取决于企业人均效能，而提升企业的人均效能就要注重企业的人才盘点工作。企业只有做好人才盘点工作，打造高端人才队伍，才能更好地提升企业人均效能，从而实现企业的经营目标。

第三，关键岗位评价。人才梯队建设应聚焦在关键岗位，但哪些岗位是关键岗位？如何确定关键岗位呢？对此建议企业根据以下情况确定关键岗位。

其一，关键岗位是指各部门中工作范围广、复杂性强、贡献度大、影响力大、可支配资源多、任职要求高的岗位。

其二，美世国际职位评估体系。通过从影响、沟通、创新和知识四个方面对企业所有岗位的价值做出评估，确定在关键岗位方面是否适用美世国际职位评估体系。

其三，建议将岗位级别较高的岗位设定为关键岗位。从管理岗位来说，主管、经理、总监及以上岗位为关键岗位；从技术岗位来说，工程师、专家、科学家的岗位为关键岗位。

第四，进行科学分析。科学的工作分析是人才盘点的前提，具体来讲包括以下几方面的内容。

首先，要从企业的整体发展战略、年度计划和目标出发，对企业的组织架构进行盘点、分析和诊断。盘点并分析组织架构是否可以支持公司的发展战略，是否要成立新的部门，支持新的业务模式，如果需要，则要思考新部门人员来自哪里，是从外部招聘，还是从内部调任，是否有相应的后备人才可以选择等，同时应对整个组织进行诊断，找出存在的问题。

其次，对员工结构进行盘点、分析和诊断。使用人力资源管理报表，对公司的人员状况进行盘点，并按年龄、性别、学历、职称、服务年限等，对全公司、各层级、各部门的人员进行结构分析和诊断，找出问题所在，针对部分企业存在的人员整体年龄偏大、学历和技能水平偏低、基层管理人员固化等问题，应从招聘、培训和人才评估等方面出发，制定具体的解决方案，以确保员工结构在年龄、性别、学历水平等方面的合理性。

最后，在对组织的评估中，还应该按管理幅度对管理人员进行分析，对于管理幅度过小或过大的管理人员，要考虑其工作的饱和度，从而进行调整。

第五，完成工作说明。对组织中各项特定工作的性质、内容、任务和责任进行分析的同时，也要对承担和完成这些工作的人员所应具备的素质与能力（技能），亦即资格条件做出明确规定，最终形成系统的书面描述文件，即工作说明书。因此，工作说明书是企业选聘、任用合适员工的标准，可使企业能够做到职责分明、人事相宜，进而避免或减少因人设事、人浮于事、职责混乱不清、工作重叠等不良现象，减少人力资源的浪费。可见，工作说明书也是科学、合理地配置人力资源的基础，是企业进行人才盘点的前提。

第六，设计盘点方案。人才盘点是一项系统工程，在开始实施之前，需要通过人才盘点方案的顶层设计，明确具体实施的遵循原则。在方案中，需明确人才盘点的目的、原则、思路、范围、方法、时间、参与人员、预期的成果以及下一步工作计划。由于人才盘点是其他人力资源管理工作的基础，下一步工作计划需说明本次人才盘点与人力资源管理其他模块的衔接关系，基于本次人才盘点的成果提出相应人力资源管理举措。

二、人才盘点工作启动

企业的高层领导必须重视人才盘点工作，高度关注人才盘点进度。人才盘点的工作除了要获得企业高层领导支持，还需要有中层管理人员的参与。企业的中层管理干部是人才盘点的实施主体，其注重绩效管理以及掌握结构化考核技巧，能够正确认知绩效管理和人才盘点的重要性，有助于企业人才盘点，对人力资源的管理工作有积极影响。

三、人才盘点工作实施

（一）填写人才盘点表格

人才盘点表格的填写说明具体如下。

①持续的绩效表现：过去3年的绩效等级评定。
②整体潜力：综合多个维度评估，给出整体评价。
③人才定位：在人才九宫格中定位。
④关于下一次调动的信息：流动性，预计能够做下一职位的时间等。
⑤地域上能调动的程度：可以进行选择（完全不能调动/可以在国内调动/可以在全球内调动等）。
⑥能被调动的具体时间：员工可以调动去外地或是任职其他职位的时间，仅考虑员工个人的状况。
⑦是否接受职能流动性：不接受，填否；接受，填员工可跨职能调动的部门或职位。
⑧能达到的最高职位：就目前对该员工的了解来判断他能够做到的最高职位。
⑨预计能够达到最高职位的时间：预计能够达到该最高职位的时间。
⑩接下来的职位：为了达到最高职位，接下来需要做的第一职位。
⑪预计能够做下一职位的时间：公司和员工都已经准备就绪，员工的上级已经同意放出该员工的时间，员工的调离不会对现在的业务带来影响。

（二）填写继任者计划表格

关于继任者计划表格的填写说明，这里主要介绍其中的离职可能性评估，具体内容如下。

①离职风险：分为高、中、低。就目前对该员工的了解来判断其离职的可能性。
②离职影响：分为高、中、低。判断如果该员工离职将会给公司带来多大的不利影响。
③离职原因：从目前的了解来看，该员工可能的离职原因。
④可能的离职日期：该员工可能会在什么时候离职。
⑤市场稀缺性：该岗位员工在人才市场的可获得性，即如果该岗位员工离职，从外部人才市场上寻找同类人员的难易程度，分为高、中、低。

⑥是否需要做继任者计划："Y"表示需要做继任者计划（含无须评估人员）。

⑦继任者计划（继任者成熟度）：准备就绪继任者/1～2年继任者/3～5年继任者。

⑧紧急替代者：当发生未能预见的情况，谁能够在短期内胜任此职位。

⑨继任者总人数：该岗位的继任者总人数，不含紧急替代者。

⑩2年内继任者人数：准备就绪及1～2年继任者的总人数。

⑪是否符合年度人才发展计划的要求（2年内至少有1名继任者）：判断该岗位员工的继任者是否符合2年内至少有1名继任者的要求。

（三）实施内容及要点

①上司对下属的初评：各部门以子部门为单位，由各级管理人员分别按照人才盘点表格和继任者计划表格的要求，对其下属在绩效和潜力两个方面进行初步的评估，并将评估结果填写到表格内部。

②部门内部的回顾：各子部门初评完成后，应由各子部门管理者和其上司就子部门的初评结果进行回顾，并在充分听取上司和同级子部门的意见后，进行修订。

③各部门人才盘点和继任者计划结果的收集和汇总：由各部门人力资源合作伙伴收集各部门填写完成的人才盘点表格和继任者计划表格，并进行汇总。

④人才盘点和继任者计划的复核：各部门人力资源合作伙伴对收集的信息进行汇总，并检查是否有遗漏或不符合人才盘点和继任者计划要求之处，如有，则请部门进行信息补充或修订。

⑤各级别人才九宫格的制作：各部门人力资源合作伙伴按照部门提交的人才盘点表格的信息，分级别制作人才九宫格，并按各级别员工的人才定位，将每个员工并到各级别人才九宫格中相应的格子中。

⑥各部门继任者计划的制作：各部门人力资源合作伙伴按照部门提交的继任者计划表格的信息，按总监级/科学家、经理级/专家、主管级/工程师三个级别制作继任者计划。

四、人才盘点工作校准

任何结论在公布之前一定要进行校准工作，保证数据和结果的准确性。人才盘点工作的校准可以分为两个部分，其一是员工的分数校准，其二是员工分布结果的校准。人才盘点的维度很多，在进行评估时受到的影响因素不少，可能导致评估标准出现偏差,当评估受到人为因素影响时,就要采用技术方式处理评估偏差,常用的是二次平均法、标准分计算法等。

关于二次平均法,第一统计各员工的原始绩效 N,计算出各部门的绩效平均值 A1;第二计算出整个企业各部门的绩效平均值 A;第三用 A 除以 A1 得到各部门的加权系数 X;第四用 N 乘以 X 得到员工"二次平均法"下的绩效成绩 S。则 S 就是企业员工的绩效,这一定程度上解决了各部门评测程度不同的问题。

分布结果的校准通过校准会的方式进行,根据数据和实际情况对员工结论进行评价校准,切忌在没有事实依据下根据个人主观意向进行评价,这样会影响企业人均绩效的提升,导致企业发展滞后。

五、人才盘点结果应用

根据设计的人才盘点方案能分析企业的人力资源现状,如目前公司的战略执行进度、组织架构情况、人岗匹配情况、关键人才情况、人才地图情况等;通过人才盘点方案能客观地将人才通过九宫格判别分成九个等级,并使用人才地图梳理公司核心岗位及在岗人员的匹配情况,优化人才梯度。

人才盘点结果的应用是根据企业的现状来调整战略方向和组织结构,激励关键人才,优化人才梯度,进行有针对性的招聘,对公司人才进行培养等。人才盘点结果的应用能推进企业的人力资源与本公司战略有效链接起来,使人力资源有效地辅助战略执行。

在经过一系列人才盘点工作后,企业需要将盘点结果应用到实际行动上,科学地把人才数据结合实际应用,由人才盘点委员会结合盘点结果制订应用计划,企业人力资源部负责执行。

这里可以将人才盘点结果的具体应用分为五个部分,包括直接上级反馈、岗位与职责调整、薪酬激励调整、关键人才培养发展计划、后备人才培养计划等内容。具体根据被盘点对象盘点结果选择性提供针对性应用计划。

(一)直接上级反馈

在人才盘点结果整理好之后,人力资源部应安排被盘点对象的直接上级对其进行一次以上的面对面沟通,反馈内容包括:人才盘点结果、过往表现及优势、未来需提升点等。

直接上级是员工职业发展的引路者,直接上级反馈也是人才培养最直接的方法。直接上级负责员工的绩效和指导工作并帮助员工获得成功。

针对被盘点对象在人才盘点过程中的表现，由直接上级结合日常工作内容，有目的性地安排新工作，可以更有效地提升被盘点对象的综合能力。被盘点对象也能在与直接上级的沟通交流中，认识到自身的不足以及将来的发展方向。在人才盘点过程中，评分为超级明星者，直接上级应向公司建议让其升职、安排薪酬激励等；评分为稳定贡献者，直接上级应给其安排具有挑战性的工作，促进其成长；评分为需改进者，直接上级应讨论其绩效或能力低下的原因，安排专业培训；评分为不达标者，直接上级应对其进行批评教育，并对其进行劝退、调岗等。

（二）岗位与职责调整

岗位与职责的调整是为了在人才盘点工作之后，将人才盘点结果反映到组织架构的调整中来，填补人才地图的不足，提拔优秀员工，优化公司人力资源的投放，以提高公司自身的竞争力。

（三）薪酬激励调整

人才盘点的重大指导意义在于可用于对人才的激励，且盘点结果在人才激励方面的应用能让公司激励资源的分配更加精准和高效，让激励更具公平性和合理性。相比很多公司习惯用单一业绩进行激励而言，人才盘点除了强调激励对业绩有贡献的人之外，还从更长远的角度考虑了员工的价值观、能力，甚至是潜力，不仅能提升现有价值创造者的满意度，还能激励合适的人创造更大的价值。

所以，一般建议所有企业都要尽可能发挥人才盘点结果对激励（包括正激励和负激励）的导向作用，从而保障人才激励效用的最大化。盘点结果不仅可用在定薪、调薪和年终奖的分配上，还可以延伸到福利体系的设计、评优等其他非物质激励中，让薪酬向价值创造者倾斜。

薪酬激励调整对于公司人才盘点来说是必须要做的一步，优秀的人才获得相对应市场有竞争力的薪资才会更努力为公司奉献，对为公司贡献不大的人才也要及时做出调整，以免浪费公司的人力资源。

人才盘点结果可以作为职业经理人薪酬调整的重要依据。针对超级明星或稳定贡献者，可考虑加薪；针对待改进或不达标者，可考虑降薪。具体的做法如下：当人才绩效考核结果为优秀、良好或连续两年为合格，且未发生职位变化时，可在职等内加薪，其调薪幅度一般不高于20%，且调薪后薪酬不应高于所在职等薪酬最高值，表现特别突出的员工加薪幅度可适当增加；当人才绩效考核结果连续两年为待改进或当年为不合格，且未发生职等变化时，可在职等内降薪，其降薪的幅度一般不低于20%，且降薪后薪酬不应低于所在职等薪酬最低值。出现以下情况，原则上予以解聘或免职：职业经理人年度业绩评价得分低于60分；年度综合评价等级或任期综合评价等级为"不合格"的。

为了激励企业职业经理人的工作激情，建议加设利润分享奖励。利润分享奖励是与公司年度考核系数挂钩的。

（四）关键人才培养发展计划

关键人才培养发展计划主要包括轮岗交流、个人发展和专项发展项目、双通道发展机制等。

1. 轮岗交流

在如今的市场上，产品不断创新，对于操作人员的专业度要求不断提高，而且为了能解决客户的需求，往往要求从业人员具有多方面的知识。因此，以关键人才——职业经理人为例，企业鼓励职业经理人具备一线业务经验、至少两个或两个以上的多岗位工作经历。

关键人才的轮岗交流原则上需以不影响战略有序落地为前提，确保关键人才队伍稳定发展。

各级单位需对关键人才轮岗交流情况进行持续跟踪管理，确保关键人才发展有序进行。

轮岗交流是有计划、有组织地对关键人才进行跨岗位、跨部门，甚至跨公司的岗位调整或职责分工的变换，培养专业化、多元化、复合型人才及规避用人风险的作业。

轮岗交流实行流程：先由人力资源部根据人才盘点结果、岗位情况、轮岗条件等信息梳理岗位需求及可考虑轮岗交流的人才库，然后根据干部管理权限组织相关提名方提出初步的轮岗人选及建议。

轮岗实施周期：人力资源部根据公司业务发展需要和整体人才状况，撰写下年度轮岗计划，经审批通过后按计划分阶段、分批次实施。

2. 个人发展计划

个人发展计划是为人才量身定制的学习发展计划，可以基于以下两个方面进行设计：测评中发现的短板以及与目标岗位的差距。个人发展计划具有以下特点：发展导师从工作中的现实问题出发，与学员一起进行针对性的学习、研讨，并启发学员自主解决问题。

3. 双通道发展机制

企业应鼓励各部门和各下属公司建立双通道发展机制，打通关键人才队伍未来发展通道，鼓励对于关键人才实施行政管理通道及专业通道双向发展，由个人及组织双向沟通，通过人才评估明确发展方向，并明确相应权责利益。

行政管理通道职位对所辖领域的经营效益、管理绩效负责，掌握公司或部门的资源分配权限。专业通道职位本质为技术或者专业工作，以提供支持、技术攻关或创新为主要特征。行政管理通道职位与专业通道职位允许相互转换，但原则上专业通道职位和行政管理通道职位不能同时担任。

在行政管理和专业两条通道的平行层级结构中，管理型人才与技术型人才享有平等的发展机会和平台，享受相同级别的地位、福利、奖励等。这种双通道发展机制允许人才在管理端或者专业技术端之间选择其职业未来的发展方向。

4. 关键人才持股计划

关键人才持股计划是公司在推进市场化机制过程中的又一重要探索，将推动公司实现业务战略的新格局，充分调动内部积极性和能动性，匹配公司业务转型与业绩提升。通过关键人才持股计划，可以形成公司股东与核心员工"利益共享、风险共担"的机制。

参与持股计划的人员需满足岗位职级在经理及以上且任职时间不低于1年的要求。

（五）后备人才培养计划

企业鼓励培养复合型人才，对于后备人才的培养要根据"扬长补短"原则制定培养计划，落实培养措施，重点分析后备人才的能力（包括胜任力、潜质、职业道德、价值观和偏离因素）与目标岗位之间的差距，并据此设计针对性的发展计划，包括挂职、专项重点任务、安排导师、安排参加重要会议等。

后备人才的挑选由人力资源部牵头组织，目标岗位直接上级根据岗位职责、目标及面临的挑战，结合过往人才盘点结果、述职结果、绩效考核结果等人才档案信息，征求间接上级及目标岗位现任职者意见后提出初步后备名单。若涉及双线垂直管理的岗位后备名单的提名，由双线上级商讨后提名。

对后备人才的管理要实施保密制，参与后备人才管理相关人员应签署保密协议，严格保密后备人才名单及有关信息。原则上当有岗位空缺时，无特殊情况应优先从后备名单中产生。若合适人选超过3个，可采用竞争上岗方式进行配置。当内部无合适后备人才或急需外部专业人才时，可从外部提前锁定后备人才或引入相应人才。

后备人才培养计划，能解决人才梯度上的深度不足问题，培养具有专业能力的人才，是公司将来发展的推动力。

第四章　人才库建设

随着信息科学技术的快速发展与人工智能技术的大面积普及应用，人才库的设计、规划、建设与应用越来越成为企业实现长远发展的重要驱动力。人才战略对于企业的发展起着非常重要的作用，而人才库建设作为人力资源管理和人才战略的一项重要内容，也日渐成为企业能否选拔、培养出骨干人才、储备人才的关键所在。本章分为人才库与人才库管理、人才库建设的影响因素及相关理论、人才库建设的标准、人才库建设的策略四部分，主要内容包括：人才库、人才库管理、人才库建设的影响因素、人才库建设的相关理论等。

第一节　人才库与人才库管理

一、人才库

（一）定义

人才库的定义，是有狭义和广义之分的。狭义的人才库隶属于企业内部，人才多为企业专门培养的人才，满足企业经营需要。而广义的人才库的范围拓展到了企业的外部，包含了企业的人才储备库之外，还有企业的在职人才库和企业外部人才库等。

人才库不同于一般的"物资仓库"，分为"实体库"和"虚拟库"两种，其表现形式更加多样化。学校、企业等，便是"实体库"，即培养人才或使用人才的场所；各种各样的"人才信息库"，便是"虚拟库"，用来记录人才信息。

（二）主要功能

人才库具有以下几项功能。一是减少企业用人风险。企业建立起人才库，在用人方面就有较多的选择面，可以减少企业用人风险。二是满足企业对各类人才的需求。当企业有人才需求的时候，通过人才库可以以最快的速度找到最合适的人才，并可以相应缩短人才对企业各方面的适应期。三是为企业提供源源不断的人才储备。四是激发员工的潜能。人才库的建立，为广大员工提供了更多的机会和更为广阔的发展空间，能够有效地调动员工的工作热情，充分发挥他们智慧和主观能动性。

二、人才库管理

人才库管理的概念也有狭义和广义之分，与企业人才库理论相对应。

狭义的人才库管理是对企业内部人才的管理，具体内容包括人才需求数量和需求结构的预测、人才的开发和培养、储备人才的储位管理、人才的考核与激励等。

从企业的发展规划上来讲，人才库管理的广义概念是预先对企业的岗位需求进行明确，预测企业未来需要的人才数量和结构，将有价值的人才信息进行记录和管理，同时在企业的岗位和人才之间建立起便捷高效的沟通渠道。

第二节 人才库建设的影响因素及相关理论

一、人才库建设的影响因素

在建设人才库时，往往会受到以下因素的影响。

（一）企业文化

企业文化是企业发展的产物，是企业由其特有的理念、价值观、处事方式、特殊符号等组成的特有的文化形象。王维平和王彬霞认为，企业文化是指一个企业中各个部门，至少是企业高层管理者们所共同拥有的那些企业价值观念和经营实践。企业文化对于人才库的建设直接或间接地起到了导向、约束、凝聚、激励、调适、辐射的作用，是影响企业人才库建设的重要因素之一。良好的企业文化会从企业的实际出发提出企业特有的价值标准，以科学的方法去制定企业的发展规划，这种规划具有一定的可行性和科学性，从而确保企业员工行动目标的一致性。

第四章　人才库建设

（二）战略目标

企业战略目标是指企业在实现其使命过程中所追求的长期结果，是在一些重要的领域对企业使命的进一步具体化。黄攸立提到企业战略目标是企业使命的具体表现，是对企业战略经营活动主要成果的预期值，它反映了企业在一定时期内经营活动的方向和所要达到的水平。

战略目标是多元的，包括经济目标与非经济目标、定量目标与定性目标。在企业战略目标指导下，人才库的建设具有未来视角，是选拔和培养人才的基础。企业战略目标与人才库建设之间的关系是相辅相成的，一方面企业战略目标直接影响着人才库建设的目标与方向；另一方面人才库建设是企业战略目标得以顺利实现的重要保障。

（三）学历层次

在企业实际工作中，学历虽然不等同于能力，但受教育程度的高低能在一定程度上反映出一个人的综合素质和能力，在招聘时，学历也是衡量面试者的主要指标。刘金涛提到，高层次学历背景特征会影响员工的工作行为，从而影响公司的业绩。员工的学历层次不仅仅是人力资源管理的重要部分，更是人才库建设中选拔环节的重要指标。研究数据表明，在同一企业不同年度之间，高学历人员密度的提高与企业财务业绩之间存在一定的正相关性。随着企业的发展壮大，员工学历结构的改善对于企业财务业绩提高的作用会更加凸显。

（四）人才供给

人才供给能力是企业发展的关键要素，也是人才库建设的重要一环。张秀武认为未来经济和社会发展对人才的需求将进一步增强，在人才供给能力进一步提高的同时，人才供求总体上存在总量短缺与结构性短缺、供给性短缺与需求性短缺并存的状况。一个企业是否拥有足够的人才决定了其在市场竞争中的地位，企业只有依靠智力因素的创新与变革，依靠科技进步，进行有计划的人才资源开发，把人的智慧能力作为一种巨大的资源进行挖掘和利用，才能达到科技进步和经济腾飞。特别是在激烈的市场竞争中，企业间的竞争已经转化为人才的竞争。在现代企业管理下，除招聘以外，盘活现有人才，实施人才经营战略，减少人才管理风险是十分重要的工作。

(五) 企业培训

企业培训是企业开展的一种有针对性地提高员工专业素质、管理能力和工作绩效而实施的有计划、有系统的培养和训练活动，它也是影响人才库建设的一个重要因素。培训实质上是企业的一种智力投资行为，企业投入人力、物力对员工进行各类培训，使员工素质得到提高，人力资本提升，公司业绩改善，从而获得投资收益。企业培训是推动企业不断发展的重要手段之一，目前比较常见的企业培训形式包括企业内训和外训、网络线上授课等。

(六) 激励机制

激励机制的根本目的是正确引导员工的工作动机，使他们在实现企业目标的同时满足自我的需求，从而激发员工的积极性和创造性。许红华提出对员工行为的控制是通过改变一定的激励方式与一定的绩效之间的关联性以及奖酬的价值来实现的。制定一套科学有效的激励机制是人才库建设的核心环节，这是人才库良性运转的制度保障。企业激励机制的活力源自每位员工的积极参与，由于员工需求的多样性、复杂性、可变性，激励也应有多种方法，如精神激励、薪酬激励、荣誉激励、工作激励等。

(七) 行业特征

行业特征是根据企业所生产的物品类型或提供服务的不同而划分的与其他行业有显著差别的特点或现象。不同行业的人才竞争程度、成长性、景气度、周期性等特点不尽相同。行业特征作为影响人才库建设的一个外部变量，通常以行业人才竞争度作为衡量的指标。

二、人才库建设的相关理论

(一) 人才管理理论

人才管理是指各类对企业人才作用发挥相关的内在与外在因素进行组织、协调、规划、控制等的一系列活动。这一概念出现于20世纪90年代，当时许多企业通过招聘、培养、发展来留住可用之才从而驱动业绩的正向发展。

在具体应用中，人才管理的定义可归纳为：招聘、培养、保留顶尖员工，维护劳动关系及处理纠纷。人才管理的核心是人才，而对人才更具体的定义可归纳为：适合于特定文化、特定环境、特定岗位的人。

第四章　人才库建设

人才管理有别于人力资源管理，它是建立在公司现有人力资源管理体系基础之上的升级版，是人力资源管理发展到一定阶段的必然产物。这两者的差别体现在以下几方面。

第一，人才管理的核心是"人"，人力资源管理关注点是功能的实现。人才管理的最终目的是人才的连续供应。

第二，人才管理是人力资源部门及各级管理人员的共同职责，而人力资源管理往往只是人力资源部门的工作职责。人才管理的责任往往下放至各基层主管，人力资源部门负责整体框架的设计、过程管控及结果考核，人才培养的日常工作仍旧是各级管理者在实施。

第三，人才管理注重于差别管理，它将核心与非核心员工区别对待，关注不同群体中的不同个体的需求。而人力资源管理更注重流程性与公平性，在实施过程中严格按照规章制度对所有人员一视同仁，避免公司在资源分配中出现区别对待。

（二）人才供应链管理理论

人才供应链管理是指通过全面考虑组织、企业的人才供应能力与需求，整合人才管理各参与部门，进行人才的协同预测、规划补给与柔性管理，实现人才供应链一体化运作的过程。它的核心思想主要包括以下几个方面。

第一，通过内部培训选拔与外部招聘相结合的方式管理人才，并平衡这两种选拔方式，达到最佳比例。

第二，适应组织人才需求的多变性，缩短人才需求预测的时间维度，实现动态管理。

第三，提高培训效度，从而提高员工培养的投资回报率。

第四，平衡组织、企业与员工的利益关系，保护投资成果。

人才供应链管理的最终目标是实现人才队伍建设的动态优化管理。

（三）胜任力素质理论

胜任力素质理论有助于推进企业人才库的建设与管理，可以帮助企业更好地选拔、培养、激励那些为企业做出突出贡献的员工，同时，为企业人力资源管理提供了一种新思路。

1. 胜任力素质概述

（1）胜任力素质概念起源

胜任力早期的探索研究是由美国著名管理学家、有着"科学管理之父"称号的泰勒（Taylor）开始的。在当时20世纪初那样的社会背景下，泰勒提出通过对工人的工作行为进行分析，相应地对工人的工作量和薪酬进行调整。泰勒最早发现了绩效管理的重要性，为后来的研究者打开了科学管理的大门，但是他并没有将胜任力和其他形式的能力区分开来。

胜任力素质的确切概念是由麦克利兰（Mc Clelland）在20世纪70年代提出的，他在大量实践中发现最终影响一个人的工作业绩的因素归根结底是素质，首次提出运用胜任力来对员工的表现进行评判，从那之后胜任力作为一种独立的能力被大量学者继续研究。

（2）胜任力素质内涵

在麦克利兰之后陆续有多位学者对胜任力素质进行了进一步定义，1980年麦克拉根（Mclagan）将其定义为完成主要工作结果的一系列知识、技能及能力；弗莱彻（Fletcher）将胜任力素质总结为在有能力的基础上，肯定利用知识和技能来进行工作的要求；斯宾塞（Spencer）在1993年提出胜任力素质是一种个人特质，这种特质和个人的工作绩效有因果关联，且作为最深层次的部分保持不变；另外约翰逊（Johnson）、布罗克汉克（Brockhank）等学者也都对胜任力素质进行了深入的研究。

整理以上各种对胜任力素质的研究成果，对胜任力素质内涵进行总结如下：胜任力素质是在特定的企业环境中、在具体的工作岗位上，促使员工做出优秀的业绩的各种知识、技能、动机、个性等。

其中，知识就是工作中理论知识和实际经验等的集合，针对特定工作岗位，存在基础知识、专业技术知识及实践经验几种类型，基础知识代表与工作环境有关的规章制度及相关管理学理论，对胜任力有正相关关系，专业技术知识代表与工作岗位对应的专业技能，与胜任力也是正相关关系，实践经验代表从工作中总结出的知识，经验不同对工作各方面的表现也不同；技能是指完成某项具体的工作任务所需要的技术能力；动机代表为达到某一目标而采取行动的内在动力；个性代表个体内在的、稳定的特质，对情景或信息的持续反应。

（3）胜任力素质特征

①具体性，具体岗位需求特点与员工胜任力关系密切，胜任力受到岗位职权、环境及相应的激励与约束因素等的影响，在工作岗位更换之后会出现明显的变化，是基于具体工作情景的知识和技能。

②可衡量性，企业可以用其评价职工在某些方面存在的差距及需要努力纠正的方向。

③层次性，不同层级对胜任力的要求也不同，档次的层级决定了胜任力素质的层次性。

④可塑性，可通过学习和发展逐步提高，达到胜任力的要求。

⑤动态变化特性，企业中每个员工的胜任力都在不停变化，胜任力随着个人年龄、经验、知识技能的积累以及环境的变化而改变，但是个人内在的动机、价值观等是稳定不变的。

2. 胜任力素质模型

胜任力素质模型是多种胜任力素质的集合，它具体代表胜任某项工作所需要的知识技能、行为特征等的组合，被用于人力资源管理的各个领域。

（1）冰山模型

冰山模型是由美国心理学家麦克利兰在20世纪70年代提出来的，对素质的概念做了非常形象的解释：个人的素质就像是一座冰山，外界看到的部分只是冰山露出水面的1/8，这部分代表个人的知识技能行为；而水面以下的7/8部分是看不见的，那部分代表职业意识、职业道德和职业态度，水面以上的素质是可以观测的，叫显性素质，水面以下的素质则被称作隐性素质。员工若具备了适合相应工作岗位的这两类素质，那么企业的核心竞争力会大大提高，对于员工而言，显性、隐性素质的培养也将大大提高员工个人的素质。

另一位学者斯宾塞对冰山模型的解释是：水面以上部分代表基本知识、基本技能，是外在表现，容易测量，也可以通过培训来改变和培养；水面以下的包括社会角色、自我形象、特质动机等，是内在的素质，难以测量，这些素质不会因为外界的影响而改变，但是对员工的胜任力起着关键的作用。

（2）洋葱模型

洋葱模型是在冰山模型的基础上演化而来的，是由美国著名学者R.博亚特兹（Richard Boyatzis）提出的，展示了素质构成的核心要素，并说明各部分要素具有可观测性和可衡量性，模型由内到外类似洋葱结构，结构的核心部分代表个性与动机，再往外代表态度和价值观以及自身形象，这两部分都是难以评价和测量的，最外侧是表面看得见的知识与技能。

洋葱模型和冰山模型的本质是相同的，但是前者更突出层次性，由表及里，最核心的是动机和个性，是个人最稳定也最难以改变的特质。

（四）需求层次理论

马斯洛发表了《人类激励理论》，将人的需求进行了划分，称为需求层次理论。该理论把人的需求划分为5个层次，它们分别是：生理需求、安全需求、社交需求、尊重需求和自我实现需求。之后，马斯洛在《激励与个性》中又提出了另外两种需求：审美需求和求知需求。他认为这两种需求应处于尊敬需求与自我实现需求之间，但是这两种需求尚未被列入他的需求层次理论中。总结来说人类在不相同的生活阶段所追求的需求层次是不尽相同的。这五种需求像台阶一样存在着一定层级的逐渐上升，但也会有例外发生，马斯洛认为这种排序不是绝对一成不变的。

生理需求是人类最基本的需求，处于需求层次理论的最底层，包括对维持生命的食物、水、睡眠等的需求。

安全需求是在满足生理需求之后的需求，这个需求主要包括社会秩序安全需求、生存环境的安全需求、医疗教育等各方面的保障需求等。

社交需求又称为归属与爱的需求，主要体现在人们对待友情、爱情、亲情关怀的不同种类需求，例如，渴望得到朋友、爱人、亲人的关爱和理解支持，建立良好的社会关系，融入组织及团体中等。

尊重需求属于较高级别的需求，在人们满足前几种需求之后会开始追求更高级别的需求。尊重需求又分为两类，一类是内部尊重，一类是外部尊重。内部尊重主要指自尊，即希望自己在各个方面都可以做得很出色从而获得成就感。外部尊重主要来源于外界的尊重，例如，权力、地位、认可等。

自我实现需求属于马斯洛需求层次理论里的最高级别的需求。

马斯洛认为一个人在同一时期可能同时会有好几个需求，但每个时期只有一个需求支配个体的行为，其他的只起到辅助性的功能。

（五）学习型组织理论

学习型组织是一种全新的管理理念，是指一个组织可以通过不断学习，充分挖掘系统思考模式，优选多种不同的解决途径，强化整个组织面对困难的灵活性和适应性。

学习型组织最早是由弗雷斯特（Forrester）教授在1965年提出来的，后来彼得·圣吉（Peter Senge）也在《第五项修炼》一书中提及学习型组织，并对学习型组织进行了较为详细的描述：学习型组织是一个创新型、进步型组织，在面对外部环境变化时，不断精简机构、弹性应变、自我组织再造、终身学习，对组织中的个体培养全新性、具有超前眼光的思维方式，建立起一种具有高度适应性和持续性发展的组织。

学习型组织突出的是全组织范围内的学习氛围及怎么解决实际问题，而不止基于效率的提升。在该组织中是通过创新型知识和前沿信息来提升组织的价值，并不单是生产的产品，通过所有成员的集中参与，相互取长补短，达到整体提升的目标。因此，学习型组织需要一种崭新的领导方式，组织领导要能够兼任组织的文化设计者，组织的整体文化氛围也是由领导者的性格和要求所决定的。

现阶段学习型组织理论已经发展成为一种完善的科学管理理论，其核心内容包括自我超越、心智改善、共同愿景、团队学习以及系统思考等。其中，自我超越是指组织中个人通过努力工作，实现目标，进而完成自我的超越，突出个人的重要性，组织的学习也是基于个人学习；心智会影响到人的心理状态，心智改善就是要改变对既有外部世界的保守认知，积极接纳他人的想法；共同愿景是组织人员的目标和动力所在，良好的愿景会将组织成员紧密联系在一起，为实现创新型组织奠定基础；团队学习包括提炼出最优个人智力、一致行动、角色全面，是学习型组织创新发挥的基本环境；系统思考处在重中之重的位置，本质是抽丝剥茧，透过现象看本质，其需要在前面四项内容的基础上发挥作用。

第三节　人才库建设的标准

一、能够辨别有用信息、兼顾海纳与慎取的信息意识

智媒时代，信息的价值与日俱增，但是信息的多、繁、杂，全面提高了对人才的要求。因此，当前人才库建设，要注重信息的获取与利用，储备能够辨别有用信息、兼顾信息海纳与慎取意识的人才，确保企业在智媒时代的竞争力。

其一，储备对信息具有敏锐寻求意识的人才，这类人才要能够及时发现有效、有用和有价值的信息。

其二，储备具备质疑精神与批判能力的人才，不盲目接受事实依据不足的信息，具备核查信息的能力。

其三，储备熟知和能够灵活运用现代媒体与信息的人才，这类人才要能够灵活运用微博、微信、微视频及移动客户端等新媒体，能够应对信息复杂交互条件下高难度的信息筛查。

二、能够精准获取信息、兼具专精与广博的信息知识

创造和开发信息价值，是信息时代的重要特征，在以信息技术为支撑的信息主流环境下，人才库建设要吸引能够精准获取信息、兼具专精与广博的知识的人才，以使自身在信息时代掌握话语主动权。

现代信息技术涵盖信息基础技术、信息支撑技术、信息系统技术及信息应用技术。在智媒时代，对于优秀人才来说，信息的获取、辨识、筛选、传输、处理和应用等能力都要尽量具备，以确保对信息的精准获取。

三、能够灵活应用信息

这类人才需兼备巧用与创新的能力，要能够灵活自如地使用多媒体技术，具备信息数据的采集、处理和制作的能力，能够系统地收集、整理与加工相关信息，并能够建立信息数据库，以供信息的随时调取。

智媒时代，信息的搜集、获取和筛选等只是手段，信息的有效应用才是目的。培养这类人才，不仅有助于信息发挥更高价值，而且有益于企业的信息化转变与发展。

第四节　人才库建设的策略

一、明确建库框架及入库途径

首先，在人才库建设过程中对于建库框架应当进一步明确。在实践过程中，对于企业内部各个方面的人才，应当对其进行分类及分层管理，主要包括企业领导人员、企业内部专业技术人员以及一般管理人员，还包括党务人员与各自后备人员等；在顶层设置人才基本情况表，其内容主要包括人才基本信息、工作经历以及特点特长，还包括培养方向与补强培训等相关内容；对于各方面人才培养链及储备链应当进一步建立健全，从而保证在某些岗位出现空缺时能够由人才库中选择合适的人员。

其次，对人才入库途径应当进一步明确。对于企业内部现有领导人员、专业技术人员以及一般管理人员与党务人员等相关人才，应当整体入库。对于后备人员入库可选择以下方式：其一，民主推荐，主要就是企业领导在定期考核之后实行民主推荐；其二，征求意见，人事部门与其他部门之间应当构建沟通

交流机制，积极主动听取各个部门内负责人员的意见，从而将相关人才纳入人才库；其三，公开选拔，在整个企业内进行公开招聘，通过这种方式选择合理人员入库。

二、严格执行入库审核

（一）对于推荐人才应当严格把关

对于企业内部各个部门而言，其属于人才推荐主体部门，在实际工作过程中应当与自身实际情况进行有效结合，对于各类人才管理方法应当进一步细化完善，在考核指标方面，应当侧重于工作业绩、学术水平以及创新能力等相关要素，适当减少定性评价，适当增加定量评价，从而保证人才推荐程序及标准能够更加具有科学性，更加公平及公正。

（二）对人才选拔严格把关

企业内部人事部门属于人才选拔主要职能部门，对于企业内部人员情况应当定期进行分析，定期考核结果应当作为人才选拔的重要依据。在人才选拔过程中应当将多岗位实践锻炼当作重要途径，对多种锻炼方式进行综合运用，对创新型及复合型人才加大培养力度。

（三）对人才评审严格把关

在实际工作过程中，应当由人事部门负责，对人才评审进行严格把关，并且应当构建有效期制度，在有效期结束之后，由人事部门联合各相关部门实行考核，从而确定人才入库资格。

三、设置科学的人才选拔机制

对于一个企业来说，制定出能够进行科学有效的选人、育人、用人、留人的机制，将是企业实现生存和谋求发展的核心。

（一）完善现有企业选人、用人方式

企业要建立并完善经营管理人员的选拔任用体系，对各企业管理人员层级、职数、任职资格和培养考察进行规范；要推动用人方式的改革，积极推行职业经理人制度，制定职业经理人管理办法；要注重队伍的年轻化、知识化，选人重点向优秀、年轻、高学历管理人员倾斜，使年轻一代能够勇敢地挑起大梁。

（二）树立科学的选人、用人标准

对于企业人力资源管理而言，选人标准的科学性、公正性、有效性直接决定着人才招聘质量的高低与好坏。招聘工作做得是否到位会直接影响企业所吸纳人才的质量，而招聘工作的投入又直接影响着企业人力资源管理的成本，进而直接影响着企业运行经营状况。因此，在招聘过程中一定严防因人设岗、因事设岗、用人唯亲的现象发生。同时，在招聘工作中还要利用科学的人力资源测评工具，对应聘人员的德、能、勤、绩、廉等各方面进行全方位的测评。在招聘渠道上，要充分利用现有的信息资源，借助官网的招聘宣传、校园宣讲、与第三方猎头合作等方式，拓宽招聘渠道。

四、优化人才库管理方法

隐藏在物资供应链管理下的最主要问题是库存，所有一切努力都是为了实现零库存，以节约成本和增加利润。隐藏在人力资源供应链管理下的人才库管理问题却是后备人才的储位问题和企业外部的人力资源培养与开发。储位问题是指储备人才应该放在什么位置，安排什么样的职位。

外部人力资源的培养与开发是基于企业长远发展的需要，搭建外部人才库与企业之间的合作平台，在必要时为企业的人才储备和使用提供"源头"。因此，在企业外部，企业人才库的管理是以维护外部人才供给方与企业之间的通道为重点，使之保持畅通，以联合人才储备与第三方人才储备为主要方法。

（一）完善企业后备人才的储位管理

所谓后备人才的储位管理就是为储备人才设计整体培养方案，进行形式多样的培养与辅导，使储备人才提前适应工作，从而在需要的时候能够较快地进行角色转换。管理的目的就是采取一定的方式方法维持或更新储备人才的知识能力，提高他们的职业技术水平，当企业发生人事变动时可以从内部迅速调配。所以说，企业后备人才的储位管理要以人才的保值增值为主要目的，以人才开发与培养为主要手段，以建立定期轮岗机制、开放内部择业机会、实行职务代理、推进在职培训、实施自主休假制度等为主要方法。

1. 建立定期轮岗机制

轮岗，又称职位轮换，是指员工在企业内部有计划地调换职位。轮岗是培养复合人才的必要手段之一。通过轮岗员工可以亲身体验其它职位的工作，学习新的技能，拓宽知识面，全面掌握企业和部门的运作流程。轮岗还有利于消除工作厌倦，减少公司内耗，防止员工腐败。企业应根据自身情况明确轮岗目标、轮岗计划、轮岗资格、轮岗周期、轮岗比例、考核标准、风险评估及工作协调机制等。轮岗周期一般分为三个月、六个月和一年。企业要规范工作流程，防止随着员工的轮岗而流失多年积累的业务关系。此外，在一定的条件下，还应鼓励员工自愿公开地交换岗位。

2. 开放内部择业机会

开放内部择业机会，就是给予公司内部人才更多的选择权和主动权，而不是让他们被动地接受公司制订的人才成长计划，从而降低人才的离职率。具体做法是，在一定的范围内，把需要副手的项目公布出来，列出与项目相关的任务、行业、团队和客户，鼓励员工对相关职位进行挑选。如此一来，员工的积极主动性会被极大地调动起来，既有利于储备人才能力的提升，又有利于提高项目的完成效率和质量。

3. 实行职务代理

职务代理，是指通过被代理人的授权，进行事务处理，并承担相应责任的一种制度。在确定储备人才的培养方案后，储备人才可按照预先设定的岗位，在被代理人缺席时代理其职责，或在授权范围内协助被代理人履行部分职务。通过这种实际操作方式，储备人才可以在实践中快速掌握某些职位必备的技能，增强对问题的分析能力和解决能力。

4. 推进在职培训

在职培训，是人力资本投资的重要形式，是对具有一定教育背景并在工作岗位上从事有偿劳动的各类人员进行的再教育活动，是企业根据人力资源规划和人才整体培养方案，对公司内部员工量体裁衣，提供的适合企业人才发展的培训制度。该种培训以不耽误工作时间、节约培训费用、有针对性、有效沟通为原则。培训内容主要有通识性、职能性和阶层性培训。培训形式灵活，以外部引进和内部开发相结合的方法寻求培训讲师，满足各类培训的需要。

5. 实施自主休假制度

自主休假制度，或年假制度，原本是美国大学教授所享受的福利待遇，即工作年满一年后可以休假一年的制度，如今已经以《职工带薪年休假条例》《企业职工带薪年休假实施办法》等法律形式规定为员工的一种福利。有学者认为，企业应该更积极主动地实施这一制度。当员工因为个人原因需要暂时或长期离职时，企业应予以支持，并与他们保持紧密联系，同时为他们制定个人职业规划，保证休假员工的知识和技能得到及时更新。这样做，一方面可以让休假员工与公司的发展保持同步，当出现职位空缺时，可以随时补充战斗力，这与解雇后的重新招聘相比，成本和风险显然要小一些；另一方面可以让公司的后备人才得到充分锻炼的机会。员工的休假必然出现职位空缺，从而为后备人才提供施展才能的舞台，解决"储而不用"引起的"人才变质"。

（二）实施联合人才储备模式

联合人才储备模式是基于联合库存管理思想的人才储备模式，是指在企业人力资源供应链中具有相关利益的企业战略联盟为了共同发展的需要，按照成本收益原则，规划人才，一起招聘人才、培养和开发人才、激励人才、使用人才的人力资源管理活动。各相关企业要为联合人才储备库的搭建出资出力，共担风险，实现战略意义上的合作与共同发展。联合人才储备库的构建前提，一是利益联盟中的各个企业具有相似的核心业务，以保证储备的人才可以在联盟企业间流动；二是各个企业要具有相似人力资源管理体制，以保证人才在各个企业中福利待遇的公平性。

显然，与企业内部的人才储备管理相比，联合人才储备既精简了单个企业的储备人才库存，又大大节省了企业内人才储备管理的费用。同时，众多的企业意味着众多的职位，众多的职位意味着更多的机会，从而减少了人才的储备周期。储备的人才以一定的方式在各个企业间流动，一方面增加了储备人才的实际操作经验，另一方面也增加了他们的竞争压力，调动了他们进行知识技能更新的主动性，从而降低了人才的储备风险。

（三）推行第三方人才储备模式

第三方人才储备模式是与联合人才储备模式相对的另一种企业外部人才的储备管理方式。它们的目的都是保证企业能够及时获得需要的人才。但是第三方人才储备模式不要求相关的企业之间以及各企业与人才储备机构之间具有相似的战略目标和共同的利益，也不依靠于集团或行业内的其他个体，而主要是由人才需求企业、第三方人才储备机构、人才市场三个主体构成。其中，第三方人才储备机构主要有院校、职业介绍所、猎头以及各种培训机构等。

然而，高昂的"服务费"和企业内部人才被"挖走"的风险使得猎头只是暂时解决企业对高端人才需求的一种方式。为长远考虑，企业还应寻求更"经济"的第三方人才储备机构，即应与院校建立合作关系，以"提前定制储备人才"的方式应对人才缺失。

五、完善薪酬体系

建立科学有效的薪酬体系是招揽高学历人才、激励人才、用好人才、留住人才的关键。

根据实际情况，对于企业经营者、管理人员、普通员工应采取更加灵活的薪酬结构，如岗位工资加绩效工资、年薪制、期权、股权、年终奖等多种形式，可更加人性化地满足不同层次人才的需求。将按劳分配的方式引入收入分配制度，不仅可以增强薪酬体系的激励和约束作用，而且可以激发员工的内在潜力和创造性。

六、完善绩效管理体系

完善绩效管理体系，首先就要将企业的发展战略以及目标，在绩效考核方案的制定阶段，采用目标管理的方法，拆分成各个部门的绩效考核目标。而后，根据岗位职责的不同，制定出个人考核目标。考核指标根据可量化程度分为两种，分别是非量化和可量化两种指标。对经过测评后合格的人员进行考察，主要通过民主测评及谈话的方式进行，考察入围人员德、能、勤、绩、廉等方面的情况，了解被考察人的优势及劣势。所设计的考核体系针对岗位的不同层级可分为三级考核体系，分别是：高层管理者考核体系、非管理者考核体系、普通员工考核体系。对于非管理者可采取全方位的直观考核办法。在最终加权考核总分的过程中采用平衡计分卡法，对被考核者的德、能、勤、绩、廉等方面采用不同分值权重，最终汇总得出结果。

七、建立健全人才库管理机制

（一）树立供应链整体观念

在供应链管理中，整体绩效取决于各个供应链节点的绩效。但是人力资源供应链的各个节点都是相互独立的主体，他们各自为政，都有各自的使命和目标，这些目标有可能与供应链整体目标不相干，从而导致整体绩效水平低下。

因此，树立供应链的整体观念就是把客户满意度作为人力资源供应链绩效评价的根本指标，并在此基础上对各种影响因素进行分析，如用人部门的期望、人才的个性需求、共同的目标、价值追求等，可以通过构建人才信息查询平台来实现以上信息的共享，然后在人力资源部门的协调下，使供应链上的各

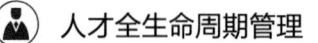

个节点在评价方法和相关指标上达成共识，并最终形成系统的人力资源供应链管理体系。

（二）构建人才库的管理信息系统

在员工较少的企业，员工与领导之间的交流沟通较多，领导能及时把握员工的能力和心理变化，从而能很好地使用和激励他们。然而，在大型企业人力资源管理中信息的不对称是无处不在的。例如，在企业内部，人才离职的原因之一是他们无法得到晋升的机会，与此同时，企业存在大量的职位空缺，而这些职位的能力要求可能与那些因得不到晋升而离职的人才能力是匹配的；在企业外部，每年大量的院校毕业生找不到工作的同时，大量企业却面临着人才缺失危机。人才库从本质上看，正是各种人才信息的汇集地，企业只有认识到它是人才管理的工具，而不是把它的建立和管理当作企业的负担时，才能真正发现它的价值、发挥它的作用。人才库管理信息系统的构建实质上是人才库信息系统的完善、人才信息统计和信息查询平台的设置问题。

人才库信息要包括以下几个方面的内容：一是人才的个人基本情况、知识结构和技能水平、性格特点、工作价值取向、绩效考核记录以及培训与发展情况；二是企业职位空缺状况、岗位职责范围、岗位的能力要求、岗位的福利待遇等；三是信息的更新与维护，通过人才安全预警机制，及时把人才的个性需求、流动意向、能力变化情况等录入人才库，以一个季度为周期，定期核对库存信息，确保信息的准确性。

人才查询和岗位查询是一个双向选择的过程。用人部门可以通过查询在现有人才库中搜索自己需要的人才，而企业内部人才也可以通过查询寻找并申请自己合意的工作岗位。企业可以按照企业员工的职能和层级设置查询和申请权限。这样做一方面可以减少不必要的工作量，另一方面也有利于机密信息的保护。

（三）建立人才安全预警机制

建立人才安全预警机制就是做好以下几方面的工作。

1. 安全缓冲系数的确定

人力资源部门根据以往的人才流动记录，结合企业的长期发展战略，确定企业中每个职位的"人才储备数量"，即某职位人才的储备数量 =[人力资源规划的该职位的数量 – 该职位的现有人数 ×（1- 预计离职率）]× 安全缓冲系数。

缓冲系数越大，越有利于减少职位空缺，但较大的缓冲系数也可能导致人才的库存过多，增加人力资源成本。安全缓冲系数的确定主要有两个影响因素：人才的可获得性和职位的贡献度。对于人才不易获得且比较重要的职位不仅要设立较高的缓冲系数，还要提前进行储备。

2.组建安全预警小组

安全预警小组成员构成以人力资源部门的领导为核心，辅以其他部门的相关责任人，以一定的基层人员为基础，再加上企业外部相关的咨询顾问或专家。预警小组的主要任务是，对企业人才（在职人才和后备人才）定期沟通，并对其任职能力进行评价，及时了解人才的个性需求和流动意向，在第一时间内发出警报，同时寻求解决方案。

（四）控制人才库管理风险

由于各种各样的主客观原因，人才为企业做出的贡献和服务是有一定的周期性的，这也为人才库的管理带来了多方面的风险：有需求预测失误导致的人才不足或过剩，有缺乏培训导致的人才能力与职位要求不匹配，也有外部人才"空降"所引起的公司士气下降，以及花大力气培养的人才被其他企业挖走等。因此，企业需要建立人才库管理的风险控制机制。

在整体上，制定相关的规章制度，明确企业与人才各自的义务和权利；在法律许可的范围内，签订各式协议，明确双方的违约后果和惩罚措施等。

八、保障人才库良性运行的人才培养模式

（一）建立重视人才成长的领导机制

用人单位应将人才库建设及人才库良性运行列入重要工作计划，进一步明确各单位、各部门人才库建设的目标与职责，上下联动，密切配合，齐抓共管，形成合力；要消除人才建设就是人力资源部门事情的错误认识，人才库建设绝不是哪一个部门和单位的事情，而是关系到企业可持续发展的重要工作，是各部门、各单位的共同责任，只有企业上下普遍重视，紧紧围绕加强人才库建设做文章、下功夫、出思路、想办法，才能创造更加有利于人才成长和发展的环境。单位领导应深入基层，去充分了解员工的具体需求和爱好等影响员工成长的因素，不断地寻找工作突破口，以激发和调动员工的积极性、主动性和创造性。

（二）建立经常性的调查分析机制

各有关部门必须关注员工个人成长，构建关于员工职业道路规划和管控的体制，不但要指引员工为自己的职业道路展开规划，还要充分了解每位员工的特征、发展趋向、兴致，在此前提下，制定关于员工个人发展和企业职能发展需求统一的规划。基于员工思想、爱好、内在需求和价值取向，有重点地通过问卷、会议、谈心等方式，对员工展开定期的全方位调查分析，研究员工的实际问题和具体需求，构思培养方法和方向，提出意见及建议，完善人才培养模式。这种经常性的调查分析，可为企业领导和人力资源管理部门进行人才培养计划工作提供可行性依据。

（三）建立青年人才培养的沟通引导机制

1. 拓宽青年人才交流渠道

企业可组织开展涉及面广的赛事及其他生动的活动，从而实现青年员工的自身发展和兴趣爱好交流，形成活泼向上的学习氛围。通过开展多种多样的活动，增强员工互动，满足青年员工各方面的需求，同时，丰富其表达自身需求、兴趣、爱好的渠道。企业可根据青年员工网络生活的特性，搭建微博、论坛、QQ 群、微信群等网络平台，利用网络资源，多渠道、多维度沟通引导。

2. 建立青年员工价值观念和集体意识

人力资源部门应当因材施教，与员工保持良好的沟通，同时发挥其价值导向作用，让员工较好地发挥自身的聪明才智和专长，实现他们的志向和职业价值，对自己从事的事业有成就感、使命感，增强员工的主动性，强化个人与集体关系，实现个人与集体的共赢。

（四）建立人才学习培训的长效机制

1. 优化培训体系

企业应提高专业培训与业务发展的结合度，增强培训项目的系统性和实效性，加大营销、会计、风控、市场及产品研发等类型的技术专业复合型人才培训力度，搭建以基础适岗和能力提升为主体，贯穿职业发展全过程，关联性、阶梯性的培训体系；要强化业务操作人才岗位应知应会学习，进一步推进"师带徒"机制，发挥专业技能知识传帮带的作用，夯实人才队伍的发展基础。

2.优化课程设计

企业应针对不同类型的人才队伍建设目标，设计开发培训课程，坚持以内部开发为主，外部引进为辅的原则，在全公司范围内择优抽调精干人员，集思广益，合理设计人才培训科目大纲，在此基础上通过招标方式，择优确定课程编写单位，定时间、定要求，完成课程编写工作，作为人才培训教材。对于教材中涉及的案例等内容，可在全公司范围内广泛征集，从而把课程的编撰工作转化为全员参与、普遍培训的过程。

3.拓宽培训渠道

一是充分借助于培训学院平台，对关键性、稀缺性的人才实施脱产轮训，建议对管理人员分期、分批集中培训，助力他们进一步更新观念，拓展思路，增强创新能力，提升经营管理水平。

二是建立课题组制度。围绕经营发展中的突出问题，建立由人才库人员牵头，相关专业人员参加的课题组，遵循课题申报、备案审批、资金资助、成果评估等流程，围绕某一问题开展深入分析、探讨，结合实际提出解决问题的基本思路和可操作的措施，在解决经营发展实际问题、推进业务发展的同时有效提升人员能力，展示其价值。

三是倡导组建基于共同志趣的兴趣爱好小组，由纳入人才库的人员牵头，其他员工自愿加入，围绕共同的业务兴趣，开展探讨，将探索成果在一定范围内通报，通过研究探讨，引导员工向专家型人才发展，以此塑造员工的岗位比较竞争优势。

第五章　胜任力模型构建

员工自身所具有的胜任某一职位的全部能力特征之和，我们将其称为"胜任力模型"，该模型是在职位要求的基础上对个人综合能力特性要求的表现。如今的市场经济是飞速发展、实战创新的，因此，企业如何构造适合自己企业发展的胜任力模型，对于企业管理的质量和速度有至关重要的影响。本章分为胜任力与胜任力模型、胜任力模型的发展、胜任力模型的应用三部分，主要内容包括：胜任力、胜任力模型、基于胜任力的任职资格系统、基于胜任力的人力资源规划系统等。

第一节　胜任力与胜任力模型

一、胜任力

（一）胜任力的起源

关于"胜任力"的理念最早可追溯到古罗马时期，当时的罗马人用"胜任力剖面图（Competency Profiling）"来描述优秀罗马战士的特征。20世纪初管理学之父泰勒提出"时间＋动作"的方法，即以时间为横坐标轴，工人的操作为纵坐标轴描述、分析工人在某一时间段内的动作，以此来确定工人最高效率的操作方式与标准时间，进而提高工人们的工作效率，这一方法被认为是学术界对"胜任力"研究的开端。1973年哈佛大学社会心理学教授麦克利兰在"Testing for Competence Rather Than Intelligence"中指出仅仅应用传统的智力和知识技能的测评并不能有效地说明个人工作绩效的高低，且这种评价方式对少数民族、社会低阶人士及妇女不公平，而且文中说明智力与绩效并不总成正相关，他认为人才的选用应该从实际情境与实际工作岗位着手，寻求该岗位人才所需要具备的素质。麦克利兰把"能够区分出绩效高的人和绩效低的人的深层次特征"称为"胜任力",意味着"胜任力"首次在学术界提出,推动了"胜任力"研究发展浪潮。随后麦克利兰开发了行为事件访谈法(Behavioral Event Interview),并运用此方法为美国政府建构了驻外联络官(简称FSIO)胜任力模型。随即1982年博亚特兹出版了《胜任的经理:有效绩效模型》(The Competent Manager: A Model for Effective Performance)一书,使得胜任力理论在许多国家迅速普及并广泛应用。胜任力模型成为人力资源管理领域招聘、培训、管理重要的组成部分。

20世纪90年代后期国内开始出现了关于胜任力的研究,但此时的研究仅限于对胜任力概念的认识、对国外文献的学习等,2000年以后胜任力开始在人力资源管理、企业管理领域盛行,且其研究内容、研究方法等方面也趋向于专业化。自2002年中国科学院心理研究所时勘等人的《企业高层管理者胜任特征模型评价的研究》和浙江大学王重鸣、陈民科的《管理胜任特征分析:结构方程模型检验》相继在《心理科学》杂志上发表后,胜任力理论才被国内各行各业的研究者关注,并开始研究与尝试挖掘其实践价值。

(二)胜任力的概念

胜任力的根源来自"Competence"这一拉丁语。中世纪时期实行师徒制,徒弟就跟着师傅学习,假设其将该学会的技能全部吸收学会,就可以说他具备了胜任力。之后,有了更为细致的分工,所以,虽然很多工作者做一样的工作,但不少优秀的职工盼望可以和一般的职工以及不合格的职工能得以区别,更加彰显自身较为有利的形势。因此,一种可以把优秀与一般区别开来的办法就应运而生。此外,职业任职也获得了发展的动力。

麦克利兰在众多实践的基础上,于1973年给出了胜任力较为体系化的定义,他强调,智力不再是对工作绩效产生作用的唯一的成分,还有态度、认知水平等。以上胜任力的各个因素才是对绩效产生作用的重要成分。

之后,不同的学者对胜任力有独特的解释,就像麦克拉根,把胜任力解释成确保工作有效进行的不可缺少的各种技能、知识以及各种能力等。学者海亚斯(Heyas)强调,高效工作的产生借助了知识、目的、各种技能以及特质的组合。学者拜厄姆(Byam)以及学者摩耶(Moyer)强调,和工作的成功和失败有关联的各种行为以及技能等,即为胜任力,并且还对其进行了划分,分成了行为胜任力以及技能胜任力等。学者帕里(Parry)指出,胜任力即和工作有关联的各种知识、态度以及技能的整合，以上因素也对工作的绩效产生重要的影响。

不仅如此，我们是能够测量胜任力的，并且其也能够通过培训得到。胜任力能够借助工作行为和个体的技能展现。

当下，就胜任力的定义而言，被认可的定义为斯宾塞所提出的，胜任力即可以通过测量获得的所有的个人特质，比如动机、技能、态度等。以上特质能够将工作者进行优秀以及普通的划分。

（三）胜任力的特点

胜任力是某一特定的职位所需要的各种技能、知识等，都要和职位的特征符合，其特点如下。

①胜任力关乎着工作的绩效，其并不是永恒不变的，而是处于动态变化之中。职位不一样，所需要的胜任力也不一样，即便是相同的职位，在环境的不断改变中，企业的管理水平也不断提升，随之职位的胜任力也会发生改变。此外，当一个人处于各个职业阶段时，随着环境的改变，个人也会发生改变。

②能够对胜任力进行测量。随着管理水平的不断发展，测量的手段以及效度也会发生变化，可以在测量结果的基础上，对职工之间的差距加以明确，并帮助绩效较差的职工确定进步的方向。

③能够借助各种培训，帮助职工获得胜任力。在有关的学习以及有效的培训基础上，职工的胜任力是不断变化的。通过培训，可以帮助个人以及集体获得进步。

二、胜任力模型

（一）胜任力模型的概念

胜任力模型，通常即在某一工作境况中，担任一项工作不可缺少的胜任力要素的整体。这一模型把所有的优秀表现加以整合，并发展为固定的构造。其主要作用就是展现在取得较高的绩效时，组织必须达到的各种要求，还有这些要求的整合。通过胜任力模型，企业拥有的全部的竞争优势就能够清晰地呈现出来。此外，由此也可以掌握工作者拥有的各种技能和绩效之间存在的关联性，进而通过恰当的办法，促使工作者具备相应的能力，达到企业整体目标的要求。最后，通过这一模型，也能够分析对工作者绩效产生作用的各种要素，由此，为将来的工作调整做好铺垫。

（二）胜任力模型的分类

创建胜任力模型，要依据各种工作的详细特征以及要求，通常存在下面四大类模型。

1. 岗位性胜任力模型

岗位，即为各种工作项目的整合，是个人为了完成工作而获得的有关的权利集合。在全部的胜任力的有关模型中，该种模式最简单，但是其适用性却不强，仅仅在普通的职位中可以运用，就像出纳的工作等。借助该种模型，能够为普通职位进行招聘以及培训，辅助人力资源管理。创建该种模型，初衷即为突破之前的职位限制，站在新型的层面上，对管理秩序再次打造，也给予一定的意见，促进各种管理活动的有效开展。通过这一模型，人力资源管理就得到了长久发展的动力和方向。此外，工作者的职业素养也会日益提高。

2. 角色性胜任力模型

这一模式非常具体详细，拥有确切的目标以及团队的组织可以更好地利用这一模式。这种模型不再套用之前陈旧的模型，弥补了其缺陷，使模型具备更强的综合性。

3. 功能性胜任力模型

这种模型的前提条件是一定要时刻注意专业性高的职位，比如技术研发职位等就可以利用这一模型。

4. 组织性胜任力模型

这一模型的前提条件即对企业的综合发展有一定的了解，达到企业的战略目标即为该模型的根本目的。这一模型中有着比较高的层次特点，基本包括全部的职工，适用范围极广。

（三）胜任力模型的作用

胜任力模型是管理人力资源特别重要的工具，在员工的招聘、培训、评估绩效层面发挥主要的作用。

①通过构建核心员工胜任力模型，帮助招聘成员确定员工的素质和能力等，进而可迅速地招聘到有潜能及合适的员工。同时，在招聘过程中可通过胜任力模型进行面试环节的规范，注重面试的主要内容。企业可按照胜任力模型的相关指标，针对性地对面试者提问，进而考验应聘成员是否拥有相关的岗位胜任力，科学决定，果断决策，进而实现招聘效率的提升。

②将胜任力模型应用于员工培训，并在培训工作中提供帮助：欠缺什么就补充什么内容，干的什么工作就学习什么内容，进而更好地将培训内容运用在工作中。通过胜任力模型，可让员工的真实行为能力对比胜任力模型，判断需要提高员工的什么能力及什么重要素质，并对员工培训的具体需求进行了解，进而精准地挑选恰当的培训模式和课程，明确培训的最终目标，增强培训的针对性，进而提升企业员工的核心竞争力。

③基于胜任力模型对员工进行考核，可确定相同类型岗位成员的考核标准及绩效考核指标，且可以将其当作尺度客观评价真实的业绩和岗位员工的真实能力，公平精准地判断员工在企业中的贡献及其才智水准，对优良考核结果的成员进行奖励，对较差的员工进行惩罚，制定有关激励制度和指导方式，逐渐提升员工自身的绩效能力，确保其可以获得更好的发展。

第二节　胜任力模型的发展

1998年，《华为基本法》正式公布实施，该年可以视为中国企业导入胜任力模型的元年。2003年，中国人民大学彭剑锋教授、饶征教授主编的《基于能力的人力资源管理》《任职资格与职业化》将胜任力模型理论正式引入中国。

在胜任力模型进入中国企业之前，大多数企业的人力资源管理还停留在传统的人事事务管理阶段，当时负责人力资源事务的部门还被称作人事部，人力资源工作也被视作后勤服务性工作，不受企业重视。

随着人力资源管理在企业中扮演的角色越来越重要，大家对人力资源管理的未来发展也有了很多种提法，可归纳为四种：基于胜任力的人力资源管理、基于战略的人力资源管理、人力资本管理、人力资源外包。其中，基于胜任力的人力资源管理发展最为迅猛。

一、基于胜任力的任职资格系统

基于胜任力的人力资源管理体系认为，提升和发展员工能力是人力资源管理工作的核心，由于不同类型的企业、不同的职位对员工胜任力的要求是不同的，这就要求企业人力资源管理工作者为不同职位建立不同的任职资格系统。

二、基于胜任力的人力资源规划系统

传统的人力资源规划强调人员数量的盘点、供给分析与配置规划，而基于胜任力的人力资源管理体系则认为，还需要对人力资源的质量进行盘点，进而对人力资源素质提升和员工发展进行系统规划。

三、基于胜任力的员工甄选与招聘系统

在员工甄选和招聘环节，基于胜任力的人力资源管理体系非常重视员工能力的评价，正如招聘专家杰夫·斯玛特和人力资源管理专家兰迪·斯特里特的《聘谁：用A级招聘法找到更合适的人》一书所言：

①招聘到正确的人比正确地做事更重要。

②制定高标准，找到A级选手。除非你不想做好，否则永远不要让B级、C级选手充斥到团队中。

③能否聘对人决定你事业的成败。请来C级选手，就会永失竞争力；请来B级选手，你做得也许还行，但永远别想突破；请来A级选手，无论你追求什么，都会获得成功。

④什么是A级选手？他有至少90%的希望实现排名在前10%的选手能够实现的成果。

可见，人才对于企业经营的影响何其之大！正因为如此，企业在选人的时候就必须建立基于胜任力的岗位任职标准，并通过科学合理的评价体系客观评价员工，保证适岗率。

四、基于胜任力的员工培训与发展系统

基于胜任力的人力资源管理体系认为，不断培养和提升员工的个人能力是组织目标实现的基础。因此，企业人力资源部必须建立和健全员工培训与发展系统。

①人才盘点：企业人力资源部每年进行一次内部人才现状盘点，选拔有潜力的员工纳入企业人才库，同时评估人才库中员工的培养效果及成长情况，淘汰不符合要求者，任用人才库中达到担任更高职位标准的员工。

②人才选拔：在进行人才选拔的过程中，企业一定要兼顾绩效和胜任力要素，既要考虑员工的能力是否达到任职标准，又要考虑员工的绩效表现是否优异。企业可以根据自身特点和人力资源管理水平，建立人才选拔矩阵。

③培养计划：主要包括指定导师、建立培养档案、进行个性测评、提供各种形式的培训、实施内部兼职、轮岗、参与新项目等多种培养形式。

④沟通反馈：以年为周期，由人力资源部组织、员工直接上级参加，进行每年一次的人才发展沟通及培养效果评估。

⑤晋升发展：对于优秀的人才，企业应按照人才发展通道，结合员工职业发展取向安排晋升。

五、基于胜任力的绩效考核系统

传统的绩效指标体系是以目标和工作任务为导向的，诸如基于战略的 KPI（Key Performance Indicators of Strategy）、基于流程的 KPI（Key Performance Indicators of Process）、基于职能的 KPI（Key Performance Indicators of Organization）等；而基于胜任力（KCI，关键能力指标）的人力资源管理体系则强调对员工个人能力的评价，由此而产生了基于技能的 KCI（Key Competency Indicators of Skill）及基于素养的 KCI（Key Competency Indicators of Attitude），强调对员工个人而非对工作本身的评价。

六、基于胜任力的薪酬福利系统

传统的薪酬体系设计非常重视同岗同酬，认为这是坚持薪酬公平性原则的最直接体现。但这种方式恰恰会造成更大的不公平和员工不满。原因很简单，即便是在同一个岗位，员工的能力、资历也是有差异的，离开这二者简单地追求所谓的公平，其实是不公平的。而基于胜任力的薪酬福利系统更加强调人的能力差异，按照能力大小确定薪酬水平，体现"能者多得"的分配原则。

第三节 胜任力模型的应用

一、胜任力模型构建方法和流程

（一）胜任力模型构建方法

构建胜任力模型构建的主流方法包括五种：行为事件访谈法、评价中心法、问卷调查法、工作分析法和专家小组法。

1.行为事件访谈法

行为事件访谈法重点使用不拘束的随意回忆，并且解读此前发生的事件，需要被访谈者对以往工作中所历经的主要事件，详细地阐述和呈现，事件需要涵盖失败、成功、深刻影响等诸多的方面，强调记录和听取该事件的情景、原因（有关人物、时间、影响层面、范围）、行为、过程、结果、当时的感想或想法等。

访谈者可运用诸多方式对访谈内容进行记录，但需要获得被访谈者自身同意，并且在结束访谈之后，要迅速地对记录进行分析和整理统计，获得不同的胜任力特征在调研中产生的频率，其后对普通和优秀绩效的能力属性的重要情况、产生频次等有关指标进行对比和研究，获得两组中明显的差异和区别，鉴别明显差异的特性，构建优秀绩效成员的胜任力模型。

运用该方法需要关注的是：对研究而言，更重要的是选择合理的优秀绩效工作者，运用对事件的具体行为和历经的重要事件开展访谈和分析，并且统计和研究访谈资料内的能力属性，将结果汇总并提炼成为特定指标的胜任力。这是使用最多的，也是最频繁的构建方法。

2. 评价中心法

评价中心法，即通过情景模拟的方式，对不同情景内诸多个体呈现的行为属性进行评价的操作办法。最经常使用的模拟情景训练涵盖了游戏管理、无领导小组、研究案例、个体演讲、处理公文、面试等。对评价中心法而言，其针对胜任力要素的识别，重点是评价岗位，在评价人才选拔中普遍是评价应聘者。在使用该方法过程中，首先，需要挑选和岗位密切关联的信息，将其当作评价指标，其次，在情景模拟后，被测量成员做出的行为需要和绩效有显著的关系，模拟情境需要和工作情景尽可能一样，最后，需要诸多的评价者将获得的被测试成员的行为予以汇总和研究，挑选胜任力要素。该方法尽管会消耗诸多的人力、财务成本，但可以很好地对未来员工绩效进行预测。

3. 问卷调查法

问卷调查法是通过结构化问卷的模式调查某岗位需要的胜任力，将收集的问卷数据整理分析获得该岗位需要的胜任力。问卷调查法可以通过很少的成本迅速获得所需的资料。在开展问卷调查前，首先需要对员工数量进行确定，其次对问卷调查的范畴进行确定，通常填写问卷的成员为被调查成员的直接下级或上级、本人、级别相同或和这名员工在工作上有关联的其他员工，最后回收问卷，开展问卷的研究和整理工作。问卷调查可通过很低的成本获得诸多成员的建议和意见，进而挑选获得胜任力要素，在落实过程中比较省力和省时，可以快捷、迅速地获得诸多的资料数据。该方法还可以被使用在检验运用其他办法提炼获得的胜任力要素。问卷调查法也有很大的繁杂性，其难点是设计和编制问卷，需要消耗诸多的精力，并且在专业度方面有很高的要求，设计问卷的品质直接关联识别要素和结果最终的可信度。回收问卷也是比较繁杂的，需要处理很多的数据，并且需要拥有分析和统计知识的成员开展问卷的研究工作，进行数据的分析和整理。一般单独使用该办法的可信度需要进行检验，由此该方法会融合评价中心法或行为事件访谈法共同应用。

4. 工作分析法

运用工作分析法识别某工作或职位需要的产出能力，强调工作的真实产出，重点内容强调工作自身并非员工。这一办法首先需要调研职位的任务、职责、角色、义务、环境，并且分析、抽取关键角色以及特定岗位的具体职责，其后针对可接受的绩效或标准予以论述和呈现，按照岗位职责和关键角色确定胜任力单元，最后进行特征的确定。这一方法的成本较低，但在应用该方法的过程中，倘若建模成员没有充足的经验，就会造成其和真实现状产生偏差，没有很强的精准性，从而产生很多的问题。

5. 专家小组法

专家小组法是目标岗位专家确定岗位胜任力要素的环节。通常而言，参与该环节的专家需要对该岗位有全面、有效的理解和看法。企业内拥有很多工作经验的员工、管理者，或企业外对该岗位有较多分析和研究的专家，均可开展识别和确定胜任力要素的环节。该办法落实的重点是挑选恰当的专家。企业在挑选专家过程中需要有效考量企业的真实现状，尽量规避小组成员全部源于企业外部或者是企业内部，需要维持小组成员的多样化特点，进而确保在诸多层面对岗位构建胜任力需求和制定有关指标。对于评定不同岗位的胜任力要素，专家小组成员也需要有不同的组成，进而确保确认岗位胜任力的精准性。专家小组法对比事件访谈法在物力、人力、财力方面节约了诸多的资金，但倘若单一地应用该方法，会由于缺乏充足的数据，降低结果最终的效度以及信度，并且需要考量的是专家对某岗位的胜任力挑选要素过程中通常拥有很强的主观性，由此专家小组法一般会和其他办法共同应用。

（二）胜任力模型构建流程

要创建一个胜任力模型，通常情况下要历经三个步骤。首先是收集有关的信息，其次是开发模型，最后对模型进行验证，即信息收集、模型的开发、模型的验证。

1. 信息收集

在尚未创建模型时，要分析研究工作职位。就企业来说，第一步要做的即掌握它的职位和人员的信息。

2. 模型的开发

在全部流程中，开发模型是重中之重。这里需要借助有效的办法发现不同职位的胜任力要求，对胜任力先有一个大概的了解。

3.模型的验证

这里需要对胜任力要素做进一步的挑选，并考虑职位的职责等，挑选出和职位相符的胜任力要素。此外，还要将其划分成不同的种类，为之后模型的长久运用奠定基础。

（三）胜任力模型构建的原则

1.战略性原则

对于企业来讲，在当前大力推进智能化转型升级进程的战略背景下，人员的招聘是整个招聘工作的重心所在，人力资源管理战略要按照其总体战略进行制定，并为总体战略提供支持。所以，在构建胜任力模型的过程中要严格遵守企业的总体战略。

2.经济性原则

所谓经济性原则是指在构建研发人员胜任力模型的过程中，企业应该对资源的使用与投入给予高度关注，将目前具有的资源进行充分整合，确保资源得到最优利用，在保证效率的同时尽可能地降低资源损耗。具体包括：流程要精简、团队要合理、相关度不高的服务不添加、不是迫切需要的不采购等。

3.适用性原则

之所以要基于胜任力模型进行企业人员的招聘，目的是更好地应对企业转型时有可能遇到的人力资源招聘有关的系列问题。因此，构建胜任力模型必须注重适用性原则，也就是说构建的胜任力模型要与企业业务、转型战略、人力资源现状、文化等内容相适用，可以帮助企业切实解决目前人员招聘存在的问题。

4.标准性原则

在构建胜任力模型的过程中，须同时将企业人员招聘中存在的一些重复性的工具、步骤与方法的实施标准予以统一，在提升工作效率的同时，使企业的效益也得以稳步提升。构建胜任力模型并实施统一标准可以为招聘人员提供依据，使整个招聘工作有政策可依、有流程可循。所以，在构建胜任力模型的过程中不得忽视标准化原则。

5.系统性原则

构建企业员工胜任力模型的过程中还必须遵循系统性原则，也就是说要具备系统论的基本思想，将胜任力模型构建工作视为系统性工作，立足整体视角对该模型构建有关的各要素进行充分考量，通过对整体的把握，达到最优目标。

二、胜任力模型的应用

（一）胜任力模型在招聘中的应用

目前，很多企业在招聘过程中采用的模式仍然是传统的海选，然后通过面试进行筛选。传统面试的主要内容有背景、经验等，这些都不能从岗位胜任力，特别是隐性胜任力来考察。而且，传统面试模式对面试官的主观性比较依靠，缺乏客观的评价体系，一般面试官会基于应聘者的教育、经验等进行交流，从而形成第一印象，后续，在缺乏胜任力指标等的环境下，最终的结果可能会受到主观因素的明显影响。面试官在短时间内需要对大量面试者进行面试的情况下，为了完成工作很可能会迅速完成面试，导致招聘的人才难以充分满足企业实际需求。

基于胜任力指标的招聘过程是以结果为基础，而招聘工作的重点在于具有胜任力指标尤其是性格特征，但是，这些特征在传统模型下无法评估，因此，与以前的方法相比，基于岗位胜任力指标的模型可以有效改善员工利用率。早期企业管理人员大部分都来自内部选拔，选拔时重点关注的是资历以及业务水平，并不会对胜任力给予足够的重视，所以，无法掌握人员的这些情况。在企业业务不断扩大的情况下，逐渐开始从企业内部和外部同时选拔人员，因此以胜任力指标为基础设计出合理的招聘选拔体系能够促进企业合理招聘人员。

（二）胜任力模型在培训中的应用

1. 培训需求分析

传统的企业培训需求分析主要基于技能来分析特定的工作培训需求，但是没有在企业发展战略和胜任力因素层面上分析员工的培训需求。基于胜任力的培训需求分析是一种通过分析企业的发展目标和高绩效员工的主要特点来确定职业培训需求的分析方法。它倾向于面向未来，与传统的培训需求分析相比，基于胜任力的培训需求分析的优点主要体现在两个层面。

①基于企业发展战略的部门培训要求可以确保部门的运营发展符合企业的战略目标，从而使部门的运营得以持续发展，为企业发展做出贡献。

②将胜任力培训需求与企业文化实际情况相结合，进一步加强企业组织文化与培训的联系，可以增强员工对企业的理解，从而有效提升工作人员对企业的信任感以及归属感。在需求分析的基础上，对具体的业务体系进行规定，需要基于对应的岗位权责以及胜任力的相关因素进行全面分析，同时，针对企业

的具体发展状况，明确工作人员的具体能力层级，总结出具体的胜任力差距，然后通过问卷或者是访谈的形式明确具体的培训内容。

2. 培训计划的编制

进行需求分析以后，可以制定具体的培训课程和计划、渠道、材料、讲师等，保证整个培训工作更加具有针对性，同时可以提升员工整体胜任力情况。在培训形式方面，可以针对性地与胜任力指标培训经验丰富的机构进行合作，在不断交流的基础上，明确对方的整体水平，将企业自身的文化以及发展目标进行全面的阐述，同时针对企业的具体情况以及文化等构建对应的培训计划。与传统的培训计划相比，这种方式在工作人员胜任力挖掘方面更加具有优势，同时与工作人员职业规划以及企业战略的构建相辅相成。

3. 培训管理措施

尽管培训可以帮助提高工作技能并提高工作效率和绩效，但由于从培训到提高技能的过程相对较慢，因此一些员工不可避免地会否定培训。此时，可以使用一些培训管理措施，以便部门员工可以有效地接受相关培训，并确保培训的顺利实施。为了制订完整的培训管理计划，首先，企业管理层与相关人力资源部门之间需要相互合作。最重要的是，有必要选拔一名人员作为培训的督导，与外部咨询机构联系，并与内部进行连接，充分利用培训资源以确保顺利进行培训。此过程中最重要的任务包括：预算培训的构建、培训内容的设计、培训时间和地点的统筹协调、企业内部资源之间的联系以及培训效果的评估。

4. 培训效果评估

传统的培训效果评估系统主要使用笔试、问卷和其他形式来描绘学员的熟练程度和满意度。对于基于胜任力的培训而言，不以培训的内容为核心评估的情况下，验证员工在促进企业的战略发展目标、实际工作能力的提高和技能提高方面是否发挥了作用就显得尤为重要。企业部门岗位胜任力培训效果的评估除了可以从内容、讲师能力以及技能等方面切入，同时还可以从员工培训前后的工作效率等方面进行合理的评估，主要表现在反馈态度、培训内容、岗位胜任力、成果转化等方面。

反馈态度方面的分析主要是应用问卷调查的方式分析员工对外聘讲师的具体课程、方法以及企业的设施保障等方面的满意情况，从比较客观的层面对培训效果进行全面的分析。

培训内容方面的分析主要是基于受训员工开展的相关分析，分析员工对培训知识的掌握情况，一般考察主要是采取现场测试以及技能操作等形式进行。

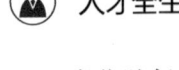

岗位胜任力方面的检查主要是为了评估员工在培训前后的实际工作能力，并评估绩效水平的变化程度，以确定培训的有效性。由于此阶段的检查相对接近实际工作内容，因此学员的主管和同事必须参与评估和检查。在培训完成一段时间后，将通过实际工作技能以及业绩情况对最终的培训效果进行考查。

成果转化分析的主要目标是研究培训后学员的绩效指标、工作效率和部门统合性，明确上述内容是否符合企业文化和发展战略。企业高管可以在培训前后从相关单位获取学员及相应部门的数据和信息，并清晰地掌握绩效，从而分析胜任力培训的具体效果。

（三）胜任力模型在绩效管理中的应用

在充分挖掘以及筛选出企业业务人员胜任力指标后，可以利用胜任力模型优化技术部门绩效管理体系，并且可以在企业的各个业务领域运用这一优化方案。

基于胜任力模型的实际情况，首先应该全面针对工作人员职业生涯规划以及企业战略目标，在建立相关岗位胜任力模型时确定胜任力指标，并且以指标为基础实施考核和培训，从整体上提高工作人员的能力和素质，激发工作人员的工作积极性，提升整体绩效，确保企业持续稳定发展。以胜任力模型为基础的绩效管理体系有助于员工职业生涯发展和绩效水平分类。胜任力模型涉及的要素包括两个方面，一方面是显性胜任力，另一方面是隐性胜任力。前者不仅是员工在工作中必须具备的技能，而且还是员工职业发展中最重要的素质要求。同时，将员工按绩效水平分类时，显性胜任力是最重要的。一个通用的业务管理系统很难在日常工作中充分体现，隐性胜任力是区分平均绩效和优秀员工的最重要指标，会影响企业的实际绩效。如果使用胜任力模型进行广泛而深入的分析，在区分员工绩效水平的过程中也可以将其作为主要因素。因此，在考查员工绩效水平的过程中，这两种要素都是非常关键的要素，说明在考察员工绩效水平的过程中，相对于传统绩效管理体系来说，结合胜任力模型的企业绩效管理体系优势更明显。

为部门业务人员建立基于胜任力的绩效管理体系的第一步，是确定企业的发展方向。以传统业务为发展重点，重视创新模式更加符合企业的未来发展方向以及需求，在研究过程中可以基于以上目标的分析以及具体的胜任力指标定期进行评估，以此作为绩效管理体系的基础。

在获得对应的胜任力指标以后进行相应的评估，从而明确绩效考核的管理目标。

在明确了员工的绩效管理目标后，应定期对各个级别的员工进行绩效评估和不定期的胜任力监管，以确定实际的工作状况、业务能力和职业发展计划；及时评估和发现员工实际绩效水平与目标水平之间的差距，在评估数据之后确定存在的不足，分析原因并制订解决计划。在这一环节，需要相关负责人以及领导、人力资源部门进行沟通，同时需要与差距明显的员工进行面谈，掌握具体变化的影响因素。同时分析该现象是否与胜任力指标有关，及时针对结果协助员工不断完善自身。评估工作完成后，除了通过现有的研究对员工进行培训外，还可以根据实际情况对绩效管理模型进行优化，并且制订相应的绩效管理优化方案。

（四）胜任力模型在薪酬激励中的应用

激励措施旨在为创造价值的员工提供金钱回报并满足内部需求。对于企业而言，它显然会影响员工的忠诚度。科学合理的薪酬激励机制可以在企业及其员工之间取得平衡。这不仅是管理的重要手段，而且也是确保业务团队稳定的基础。传统的薪酬激励机制将工作重点放在岗位职责等方面，并通过工作水平、绩效水平、工作强度和责任感等指标评估员工的价值和薪水。上述指标中，工作水平和绩效水平是相对严格的指标，而工作强度和责任感这两个指标是软指标。在确定员工薪酬的过程中，以上指标的比例会对整个激励机制产生显著的影响，间接影响员工的发展和企业的人才保留机制。使用传统的薪酬激励机制有多种原因，但是在实践中，当企业运营时，员工的学习意愿、责任感和工作强度会在他们首次加入企业时达到最大值，而这时薪酬激励处于较低水平，并且存在较大波动；员工在企业工作一段时间之后被安排到关键岗位，其学习意愿会有所下降。自身提高技能的速度也有所降低，甚至工作强度都会有所降低。这些因素会使得在企业发展过程中其贡献度越来越低，这时薪酬激励处于相对较高的水平，并且更加稳定。在使用传统薪酬激励机制的过程中，这是一种非常常见的现象，在老员工薪酬优势明显的背景下，企业很难借助薪酬激励机制获得更多高质量的人才。

目前，大多企业采用的激励机制是一种基于传统且具有大公司特征的机制，如绩效等指标在其中所占比例较高。这种类型的机制本身具有一定的时代特征，在当前表现出了较多与时代发展潮流不相符的特征。因此，必须根据企业的实际情况、行业的发展方向和部门的运作来构建一套完善的薪酬激励机制，以期能够在不断完善企业员工整体管理的背景下，留住优秀的人才以提升企业的核心竞争力。在对员工胜任力指标进行探索后建立一套适用的胜任力模型，可以从各岗位员工的工作职责和胜任力指标出发探索出一套适用于本企业的员工薪酬激励机制。

在确定岗位薪酬指标以后，可以从不同岗位员工的具体特征以及工作能力等层面切入，集合岗位的具体职责以及胜任力指标，明确对应的薪酬指标。为了更准确地检查个人薪酬指标，应该基于对应的胜任力模型进行考察。在考察环节可以有效发挥人力资源专家等的作用，对员工的工作情况以及具体的成果进行考察，检查其是否具备对应的技能以及是否可以将掌握的技能应用到工作中。

第六章 领导力模型构建

领导力是一种积极正向的相互影响、一种生机勃勃的生命张力，是领导者个体和团队成员之间的一种发展合力。领导力模型的构建方法一直是领导力研究领域的重中之重。本章分为领导力与领导力模型、领导力模型的构建原则与方法两部分，主要内容包括：领导力、领导力相关理论、领导力模型、领导力模型的作用、领导力模型的构建原则等。

第一节 领导力与领导力模型

一、领导力

（一）领导的概念

对于"领导"一词，我们每个人都不陌生，在我们日常生活中，领导活动是最常见的活动之一。从中文的词源理解，"领导"二字在我国古代是分开使用的，"领"是指脖子，"导"是引导的意思。在英文中，"领导"一词用"lead"表示。在相关字典中"lead"一词有动词、名词、形容词三种词性，多种释义，但核心意思始终围绕着带领、引导、领导等相关内容。

从古至今，从国内到国际，从社会到家庭，从职业到行业，人们总能体会到领导的存在和作用，不断认识和探索着领导行为及其规律。美国的组织行为学专家皮特·诺思豪斯说："领导力是领导的一部分，主要表现为对追随领导者人员的影响机理。领导必须包含领导力，这是领导者行为决策的必要条件，否则就不存在所谓的领导。"

任何活动中都存在领导和领导活动。针对领导、领导力的研究，始终是管理学永恒的话题之一。巴斯（B. M. Bass）认为领导是领导者为了达成目标，通过采用正确的方式和方法引导被领导者进行逐步改造的活动。著名领导力专家海费茨（Heifetz）认为领导就是一种适应过程，主要解决现实存在的差距问题和因不同价值观而产生的不一致的问题。

管理是一种具有科学性和艺术性，同时具有系统性的不断变化的过程。领导学研究的是具有主观能动性的人。吴志宏认为，领导是一个综合的概念，大致可以把它看作以目标为导向，以管理为手段，凭借语言及行动去指挥和影响他人或团体的过程。任真把领导概念界定为：有共同的目标和梦想，并且有指引和激励他人建立并实现这些共同目标和梦想的能力。

领导就是决策，普通人每天都面临着很多决策问题。安柏提到"选择"领域的世界专家——哥伦比亚大学教授希娜·艾扬格著有《选择的艺术》一书，根据她的统计，一个成年人每天大约要做70个大大小小的选择。北京大学的心理学专家王垒指出，领导者在实际决策中所采取的一系列实际行为构成了所谓的领导，这些领导者的行为是十分具体、微观和易于观察的。这就证实了领导行为的可操作性极强，因此可以说领导是一项技能，这个技能是可以通过后天学习和培养获得的。既然领导是一项技能，那么技能水平的高低会因人而异，因此领导的最终效果也会因人而异。

综合上述概念，可以归纳出领导的几个特征：①领导是一个行为过程；②领导和领导力密不可分，无论在中西方哪个文化环境中，领导活动都无处不在；③领导活动不单纯是个人活动，是结合领导者和被领导者、组织的文化和战略、执行力等，带领人们实现企业的既定组织目标的能力；④平衡各方面关系，理性合理决策和选择。

（二）领导力的概念

领导力并不是一个新话题，兵书《六韬》就提出了"将有五材十过"，对领导者的要求和责任，也就是领导力进行了具体阐述。古希腊哲学家柏拉图在《理想国》中提到领导者所需要的"计划、控制、激励、纠正、沟通、评价"等能力的获得和应用。领导力是一种社会影响力，通过思想和行为，领导者为大众指明道路，并影响他们的行为方式。

彼得·德鲁克指出："所谓'领导力'，并不是指智慧和天赋，而是指每个人都可达成的决心和目标。"领导力是为实现组织的目标而使团队全体成员为之奋斗的一种能力。约翰·加德纳是斯坦福大学的教授，他认为，领导力是领导者个人为实现领导者自己及其追随者的共同目标，而通过说服或榜样作用激励群体的过程。马克斯·兰茨伯格认为，领导力的本质是在内部组织里创造出组织的愿景、感召和动力的能力。管理学家伯克认为，领导力主要表现在三个方面：做决策、带队伍、树榜样。保罗（Paul）认为，领导力是一种胜任力，同时他采取权变理论来说明领导力和领导行为是针对不同的下属风格和管理阶段采取的不同措施，不是一成不变的，是与所处的环境、对象相关的。杰姆斯（James）通过管理实践总结在管理者通过他人达到目标的过程中所采用的行为、表现出的能力就是领导力。彼得（Peter）在观察公共管理组织中的领导者行为发现，在组织赋予的权威不足的情境下，需要掌握包含愿景规划、实践激励、富有激情及抗压等领导力。迪安（Dean）对领导力的界定是，这是一种匹配职务要求、达到管理岗位赋予的使命与目标而需要建立的一个要素集合，包括工作能力、职业素养等在内的要素集合。约翰凯特（John Kotte）认为，领导力是企业能发展的关键，建议都要重视领导力，领导者通过权威式的管理，采取措施对资源进行有效合理的整合、分配，通过自己掌握的正式和非正式的能力去解决问题，通过发挥领导力，使员工发挥最大的作用，帮助企业实现组织目标，最终使企业高效运转。

（三）领导力的发展

1.传统领导力

在20世纪80至90年代，传统企业以劳动密集型为主，其本质为生产型组织，企业组织结构以直线型组织为主，企业的产出以产品为依托。传统领导力体现为以领导者为中心的决策和管理方式，领导者崇尚绩效至上，将员工视为提升生产效率的工具。领导者通常设定固定的目标、制定不变的方案传递到企业组织中，再由各员工执行贯彻。由于传统领导力对领导和下属的界限划分非常明显，由此导致企业员工缺少积极性，企业效益不显著，应对市场的反应能力弱，企业创新能力差。在企业管理界普遍将这种领导模式称作"大人式领导"或"英雄式领导"，学术界称为传统领导力。

传统领导力中，下属与领导者的关系是绝对的，领导者拥有着绝对权威，下属听从领导者发号施令，领导者也普遍指引着下属的方向，这种行为会导致两者间缺少清晰的责任界定，由此所产生的结果也无法客观评估；信息不对称的情况十分明显，可能产生领导者决策脱离实际的情况；由于处于信息媒体不发达的时代，领导者容易在信息资源方面进行把控，能够控制舆论。此外，在这种领导力下，领导者易产生自我膨胀，对自己的认知易产生偏差，压制员工自身想法，强制员工按照自己的想法工作，甚至会出现因领导者失误导致企业项目失败的情况；员工处于被动的地位，积极性不高，易出现懒惰懈怠情况，降低企业效率。

2.现代领导力

现在，各行各业发生了颠覆性的改变。在技术和产业结构变化的环境下，企业创新转型已是必然。如今，外部环境要求企业提供跨职能、整合性解决方案，要求领导者与企业各层次间进行合作。传统的领导力已不能满足企业当下发展的需求，企业迫切需要新的领导力带领企业转型。过去传统的领导力崇尚个人英雄主义，领导者高高在上，鲜有与其他管理层合作交流的机会，领导者们习惯制定固定的长期战略框架，缺乏对市场变化的迅速反应。德勤与MIT（麻省理工学院）发布的联合报告认为，企业中的领导已经出现了落后于时代发展的情况；领导力规划存在头重脚轻的情况，阻碍员工获得发展和学习的机会，旧的企业模式导致领导者转型的问题亟待解决，现代企业对领导者产生了多样化需求。北京凯洛格管理咨询有限公司的白皮书报告显示，领导力在当下面临着五大挑战：企业内部创新、变革的文化、创新人才的选拔、企业内部的创新学习以及创新考核体系的建立。

随着企业组织产生变化，人们对领导力的认知和理解也在不断发展，领导力理论愈加丰富，开始出现共享领导力、分权式领导、组织领导力等各个流派，它们认为领导是一种关系过程。但是受企业组织架构的影响，现代领导力结构仍是典型的金字塔结构，自上而下逐层叠加递增，企业领导者位于顶层，高管团队、中层管理、员工逐层向下传递指令；领导者就企业目标的达成和运作过程中的效率，进行逐层领导。这种领导力具有指令精准统一、执行高效快速的优势，但是缺点在无法激发员工的活力，责任逐层递减。

在过去传统企业中，强调领导者的决策作用，只有领导者的决策正确，企业后续的一切执行过程才有效，但现代领导力认为，领导者不应再发号施令，而是激发员工和连接员工；不应再将员工看作生产机器，而是要将合适的人安排到合适的位置。

光辉国际2019年对全球各国领导力发展现状进行调研，其报告显示，66%的受访者认为领导力核心职责是推动战略的落地与实施，其次是解决领导力人才不足的情况，最后要推动企业文化变革，但目前企业领导者仍处于能力不足状态；仅有17%的领导者认为他们所在的企业中拥有所需的领导力；40%的企业没有根据战略的变化对领导力发展进行总结和改善；75%的企业领导者在很大程度上没有对组织文化进行识别，也没有进行有效的沟通，导致领导力与企业相脱节。由此可见，多数企业和组织的领导力人才紧缺，出现领导力梯队供断的情况，并且存在企业对领导力发展的投资与回报不成正比的情况，当前企业中缺乏推动战略转型的领导力，填补领导力空缺已成为领导力发展关注的优先项。

此外，随着全球化趋势的不断发展，企业跨地域发展情况已屡见不鲜。企业的跨地域发展，给企业带来机遇也带来挑战。在挑战方面，跨国公司的领导力专注于解决时空问题上。领导者应如何克服时间和空间的困难，带领企业在新市场立足并巩固新市场？领导者如何将企业文化与当地文化结合，满足当地消费者需求？在区域企业的管理监督方面，领导者应如何做？领导者应该如何将各区域与总部紧密结合，实现信息共享，贯彻企业文化？这些问题，都对领导者个人能力提出了要求。

谷歌 2018 年花费一年时间观察和分析领导者行为，归纳出当下领导者所需的几种行为：团队授权、关心成员、注重效率、不要纠结、做优秀的沟通者、帮助员工职业发展、设定明确的企业远景和战略。在调研中，他们同时发现了当下企业中存在的领导力问题，分别为领导者拒绝放权、对企业绩效管理缺乏有效方法和员工与领导者缺乏沟通。

德勤通过对 300 名不同层次的企业领导者进行调研后得出，当下领导者面临的挑战分别为企业外部环境的改变、合作方式的改变、领导者自身的才能、企业愿景和战略的理解以及领导者自身领导行为的变化。此外，他们认为，未来领导力有六大趋势，分别为跨域、跨界领导力；领导力发展培养方式多样化；领导力发展与心理学结合；注重组织关系；领导力培养主体从个人到集体；重视领导力培训评估。当下企业需要领导者具备五种领导力：基础管理技能、情商与自省、韧性、管理全球团队的能力、身教产生的影响力。

3. 未来领导力

在未来，企业所面临环境的不确定性变得越来越强，企业产生的业务变得更加复杂，关于领导力在未来的发展趋势，许多学者提出了自己的观点，并产生了以价值为导向的领导力、跨界领导力、平行领导力、女性领导力等各种理论。

陈建宏认为，在这些理论中，以价值为导向的领导力（Values Based Leadership，VBL）和跨界领导力（Boundary Cross Leadership，BCL）最具代表性。以价值为导向的领导力建立在当下领导者与企业核心价值丧失，企业丑闻频发现象的基础上，主要以组织素质模型、操作流程与绩效平和为关键点，关注领导者的信念思维与实践能力。跨界领导力是建立在保证企业解决问题、创新发展的基础上提出的。跨界领导力认为，领导者未来应具备六种能力，分别为建立界线、文化包容性、建立信任、发展共同归属感、发展互赖关系、转化和创新的能力。

刘颖认为,未来的领导力将呈现五个趋势:第一,领导特质发生变化;第二,选择最匹配的领导风格;第三,构建共享的领导力;第四,新的时代对领导沟通提出新要求;第五,构建多样化的文化。

吴玲伟提出平行领导力观点,她认为平行领导力就是在平等、非借助权力的状态下,用企业的愿景和价值观、个人的情商和性格魅力、良好的沟通协调等推动团队向前发展并有效完成既定目标的领导能力。相比垂直领导力,平行领导力不太依赖层级和权威,而更依赖领导者的感召力和凝聚力。

彭剑锋提出了基于价值观的新领导力,认为其核心要素为领导者的使命驱动、责任担当、严格的纪律、持续奋斗的精神。

陈春花提出了未来领导力模型,从模型五个维度——思辨力、美感度、开放度、内定力、同理心,分析领导力的未来发展趋势。

此外,还有学者提出了赋能领导力的概念。该领导力以"赋能"为核心,认为领导者应该能持续激发和整合团队智慧以应对环境变化;领导者要教导他人成为领导者,让员工成为决策者,参与企业决策;领导者自身的成长速度须大于团队的平均成长速度;领导者要建立体系化能力,将资源整合成绩效。

(四)领导力的构成

梁家广认为领导力可以划分为两个层面:一是个体领导力,即各级管理者和领导者的领导力;二是组织领导力,即组织作为一个整体,对其他组织和个人的影响力,这个层面的领导力,涉及了领导者、被领导者、组织的文化、战略及执行力。

王芳认为价值观在领导力的发展过程中起着非常重要的作用。我们用价值观来评判人们的社会行为,在各种可能性方案中选中合意的准则。价值观是后天形成的,可以在社会化活动中培养,随着经验逐步确立。家庭和学校等对个体价值观的形成起关键性的作用,价值观一旦确立便相对稳定,但是社会群体的价值观是不断变化的。在领导力的早期阶段,价值观居于核心的位置。

苗聪认为领导力是指领导者在引领、指导下属的过程中,影响下属、与下属良性互动中共同完成任务的能力。领导力主要体现在沟通能力、影响能力和激励能力三个方面。

吴金法提到美国哈佛商学院的知名教授指出在当前竞争异常激烈的大环境下,企业的领导力是解决问题的关键所在,企业的发展瓶颈就是领导力。

对领导特质的新认识为领导力发展研究提供了理论基础。其中由波兰尼提出的默会知识，不能清晰地表达，也不能正规地传递。对默会知识真正理解和获得是要基于领导者的经验背景才能建构起来的，历来是影响家族企业顺利传承的重要因素之一。杰尼佛哈德（Jennifer Hedund）、赫德伦（Hedlund）等人指出对默会知识学习的情况能合理解释不同领导者在领导力水平上存在的差距问题，因此，要重视默会知识在领导力水平提升中发挥的特殊作用。

（五）领导力的特征

综合上述专家学者对于领导力的定义，可以归纳总结出领导力的几个特征。

①领导力是由多种力量组成，影响资源配置的重要力量。

②领导力是从青少年时期就可以进行后天培养的，尤其关注价值观在领导力形成中发挥的重要作用。

③领导力是反映领导者深层动机的一种隐形能力，不易观察。

④领导力传承要十分关注默会知识对领导力发展的影响。

二、领导力相关理论

领导力这一概念自诞生之日起，就不断地有学者通过建立相关的理论对其进行分析。最早在20世纪40年代出现了领导行为理论，这一理论主要是描述个体在做好管理工作时需要具备的良好的行为标准，并且持续关注行为与目标达成之间的因果关系。在随后的60年代，管理学界又出现了领导权变理论，这一理论主要是描述管理者需要在不同的管理情境和管理阶段，针对不同特质的下属采取不同的管理措施。自此后，领导力相关理论开始不断演化。这些理论都是互相包容、交叉互补的。其中主要代表理论有：领导特质理论、魅力型领导理论、伦理领导论和诚信领导论。以上理论普遍认为，管理者在进取心、自信心、诚信、价值观、道德观等方面相较普通人要求更高；同时在行动过程中更主张透明化，对参与者毫无保留、及时互动。领导力关键因素理论是通过行为事件访谈法等方式，将成果优秀的管理者的行为中认为较好的因素进行提炼，以此组合成管理者需要具备的关键行为。领导—成员交换理论通过描述团队成员和团队管理者之间的关系，认为管理者需要通过指导、关心、支持和保护团队内的成员，从而获得团队成员的追随，才能获得领导力。

总之，领导力是胜任力当中的一种能力或者素质，是匹配管理岗位职责及目标要求而对领导者吸引和影响其直接下级、直接上级实现组织目标的能力要求。下面主要介绍领导特质理论、领导行为理论、领导情境理论、新领导力理论、领导力开发理论。

(一) 领导特质理论

近代对于领导力的研究主要聚焦在"特质领导力"上。关于特质领导力的概念最早于1840年由英国文学家卡莱尔（Carlyle）在《论历史上的英雄、英雄崇拜和英雄业绩》中提出。卡莱尔认为世界历史就是伟人们的历史，他们的外貌尽管不同，却都拥有区别于一般人的特质。巴纳德（Barnard）在《经理人员的职能》一书中认为领导者最重要的特质就是忠诚与责任心，同时还应具有机敏、平静、勇敢、能够适应环境等特质。在那个时期还有考利（Cowley）、斯托格迪尔（Stodgill）等一大批研究者对领导力特质进行了深入的研究，提出了领导力存在与社会情境下人与人的关系中，在特定情境下领导者要是换了一个环境可能就不是领导者了，领导者和被领导者之间不存在品质的显著区别。由于领导特质理论没有明确各种特质之间的关系，缺乏对因果的区别，忽略了下属的需求，它不能成功地解释领导行为。

(二) 领导行为理论

领导行为理论通过关注领导者的外在行为来确定有效的领导者。

在20世纪40~60年代，世界发展处于较为稳定且可预测的背景下，由于在领导特质理论"矿山"中未能挖掘到"金子"，研究者开始把目光转向领导者表现的具体行为上，希望了解有效领导者的行为有什么独特之处，于是产生了领导行为理论。

斯托格迪尔在1945年提出了领导四分图理论。他将领导行为分为两类，主导型领导行为（工作内容与工作规则）和关心型领导行为（关心员工的程度），两种行为相互结合就形成了四类领导风格。这四类领导风格分别为：高关心和高主导、高关心和低主导、低关心和高主导、低关心和低主导。

布莱克（Blake）和莫顿（Mouton）两人在1964年发表了管理方格理论，他们将领导行为分为两项维度，一项是"对人关心的程度"，一项是"对工作关心的程度"，每项维度划分出9个方格，用方格数量的多少来表示程度的深浅，这样就形成了"9*9"的格局，从而将领导行为划分为81种。

1967年利克特（Likert）在以上理论基础上，又将领导行为划分为权威和专制、权威与开朗、协商式和群体参与式四种类型。

（三）领导情境理论

情境是一个交叉性、复合性的概念，不同角度有不同的释义。领导情境理论主要成果有：菲德勒（Fiedler）1969年构建的权变理论。领导行为与领导者所面临的情境结合起来研究领导行为模式是领导权变理论的主要特征。领导情境理论较之领导特质理论和领导行为理论具有更广阔的视野，解决了前两种理论只关注领导的局限性问题，让人们开始关注环境和下属对领导和绩效都会产生影响。但这一理论也是有局限性的，它仅把下属看作静态的客观存在，没有关注到下属是变化的、可塑造的。

（四）新领导力理论

学者们在20世纪80年代开始了对领导力理论的研究。这一阶段的成果被称为"新领导力理论"。新时期的领导理论主要有交易型领导、变革型领导等。"变革型领导"一词最早是唐顿创造的。他根据反叛型政治领导人提出了交易型、鼓舞型与魅力型领导力理论，认为"个人规则系统的合法性可能源自对奖励和惩罚的运用（即交易型领导力），对赋予行动、痛苦以及意义的虚构故事和符号的运用（即鼓舞型领导力），以及能够为那些因为心理状况或社交活动要求遵守秩序的人提供安全感、新身份认同或文化强化的领导者的形成（即魅力型领导力）"。

代表性的研究成果有：1984年本尼斯（Bennis）提出的愿景领导理论；1975年格里奥（Graeo）提出的领导—成员交换理论；1985年贝斯（Bass）提出的交易—变革型领导理论，变革型领导者在领导过程中注重自身表率的作用，关心团队中的成员，表现出一个领导者的魅力，善于通过组织远景的创造推动组织的变革。

领导力不是孤立的，需要与周围人进行互动而发生作用，对任何一方面关系维护不当都会影响领导效果与组织目标的达成。卓越的领导者必须在各方面统筹兼顾、应对自如，才能带动组织发展。

（五）领导力开发理论

领导力开发理论的提出，至少在两个层面对既往的领导力研究做出反思性探讨：其一，该研究不再仅仅满足于对领导力内涵的描述，而是致力于探究发展谁的领导力、发展什么意义上的领导力；其二，该研究也不再仅仅停留于对领导力要素的应用和定性分析，而是致力于将领导力的理论研究向实践延伸，更加关注领导力的发掘、塑造和发展。

三、领导力模型

由于领导力是胜任力中的一个非常重要的维度，因而学者们在胜任力模型构建下，相应地构建了较为全面的领导力模型。

中科院课题组在研究管理者所需具备的胜任力模型中，认为领导力是企业开展管理工作的核心要素，是管理工作能够顺利开展的根本，并且在这一概念基础上，提出了领导力五力模型。组织管理者需要具备的五个领导力，即感召力、前瞻力、决断力、控制力和影响力。

刘向春在研究企业人才管理工作中，以人才胜任力的特征为基础开发了领导力模型，在这一模型构建的基础上，将其应用于人才选拔、人才培养、人才晋升和人才留用等人力资源管理方面。其中该学者开发的领导力模型包括的要素有：组织力、影响力、执行力、创新力、决断力及控制力。他认为管理者需要在以上六个方面都体现出优秀的能力水平，才能真正胜任管理岗位。

周晓新和谢册在构建领导力模型过程中，提出了模型构建的主要方法及步骤，他们认为构建领导力模型首先需要有效识别组织战略、文化价值观、企业对管理者的要求、标杆案例分析等方面的内涵，从中分解出领导力要素，以此初步建立领导力模型；其次在实践中实际应用领导力模型，比如人才招聘选拔、人才培育、人才评价等，验证模型构建的合理性；最后，对模型进行修改完善，在组织范围内进行推广。在他们构建的领导力模型中，核心要素包括工作能力、执行力、组织力、影响力、人际沟通能力及决策力六个方面。

在领导力模型构建研究中，一些大型企业也尝试进行领导力模型开发。最著名的是 GE（通用电气公司）领导力模型，以"4E+P"为核心要素，即活力、鼓舞力、决断力、执行力、激情，作为衡量和提升管理者领导能力的标尺。

（一）高层管理者"1+N"领导力模型

高层管理人员胜任通用的特征模型是在黄勋敬和赵曙明博士及其同事们对 1783 名管理者进行问卷调查的基础上，结合焦点访谈提炼并验证而得出的高层管理者"1+N"领导力模型，如表 6-1 所示。

第六章 领导力模型构建

表 6-1 高层管理者"1+N"领导力模型

大分类	分类	小分类	构成要素	序号	排序1	排序2
高层管理者素质要求"1"	1	诚信自律	正直诚实	1	1	1
			忠于职守	2	2	
			遵守规则	3	3	
			信守承诺	4	4	
	2	沟通协调	有效表达	5	5	2
			善于倾听	6	6	
			协调能力	7	7	
	3	客户导向	理解客户	8	8	3
			有效响应	9	9	
			挖掘需求	10	10	
			持续共赢	11	11	
	4	计划监控	计划制订	12	12	4
			计划执行	13	13	
			监督能力	14	14	
	5	团队管理	组建团队	15	15	5
			培养下属	16	16	
			有效激励	17	17	
			塑造文化	18	18	
高层管理者素质要求"N"	6	全局洞察	全球意识	19	19	1
			信息整合	20	20	
			商业敏感	21	21	
			创新发展	22	22	
	7	战略决策	系统思考	23	23	2
			远见卓识	24	24	
			果断决策	25	25	
			变革管理	26	26	
	8	统领能力	赢得信任	27	27	3
			组织能力	28	28	
			危机决策	29	29	
			震慑统领	30	30	

高层领管理者"1+N"领导力模型包括了两大部分：高层管理者通用素质要求"1"和高层管理者特殊素质要求"N"。其中高层管理者通用素质要求"1"包括诚信自律、沟通协调、客户导向、计划监控、团队管理5个一级维度指标，以及序号1～18表示的共18个二级维度指标；高层管理者特殊素质要求"N"包括全局洞察、战略决策、统领能力3个一级维度指标，以及序号19～30表示的共12个二级维度指标。

（二）领导力五力模型

中科院的项目组的苗建明和霍国庆等成员经过大量分析，提出了领导力五力模型，认为领导者应具备如下五种关键的能力，即感召力（对应于或来源于被领导者的能力，包括吸引被领导者的能力）、前瞻力（对应于群体或组织的目标和战略制定能力）、决断力（毫不犹豫地做出正确决策的能力与实现既定的组织目标的能力）、控制力（控制目标实现过程的能力）、影响力（对被领导者、情境产生影响的能力）构成了领导力五力模型，如图6-1所示。

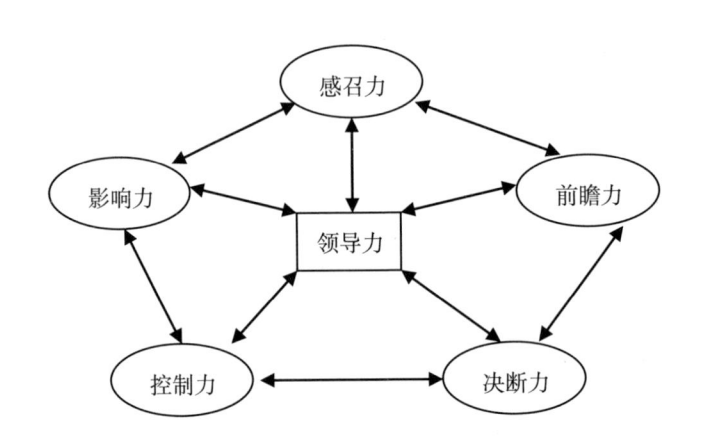

图6-1　领导力五力模型

该模型中的五种能力都非常重要，但并不存在于同一层面上。其中，感召力作为最本色的能力，处于顶层位置，是区别领导者和管理者的一个有力标准；作为其延伸或发展的是影响力和前瞻力，处于中间层面；同时，仅指明方向还不够，在突发遇到危机和挑战时，敢于决断和及时控制的能力也是必不可少的，处于实施的层面。

1. 感召力

感召力即对应于或来源于被领导者的能力，包括吸引被领导者的能力。一个优秀团队的关键在于是否"上下同欲",吸引和带动团队共同践行使命是一个优秀领导者的能力之一,领导者不能靠传统的权威、阶级、权力,而是要唤起团队所有成员心中的梦想与使命感,用愿景和目标激发成员的潜能。由于组织的人员可能来自不同的区域,成长于不同的年代,拥有不同的背景、不同的信仰,所以让团队赋能是一个领导者的重要问题,要让团队成员坚定组织的信念与理想、凝聚共识,统一群体的伦理价值观和完善个人修养,让组织的事业充满激情。

现代社会产业链分工必然会更加精细,社会单元细胞重组,职能分工必将专业化、精细化、模块化。在此背景下,产业间的边界被打破,人员劳动关系也随之变化,涌现大量专业自由职业者,这就需要提升团队工作协同效率、契合度,降低成本,形成人岗匹配、人尽其才、人尽其用的用人机制氛围。

感召力是团队管理的核心,领导者将企业"使命与愿景"与员工充分沟通,增进管理者与员工之间的关系,促使管理者和员工掌握企业文化和战略之间的关系,增强团队的黏性,共同追求梦想和目标。

2. 前瞻力

前瞻力即对应于群体或组织的目标和战略制定能力。随着全球化的发展,世界各国经济竞争不仅是经济实力的比拼,更是体现在领导力之间的博弈。远见者,洞悉先机;智勇者,赢天下。洞察未来、远见卓识,是一个优秀领导者的核心与关键能力,也是领导力的关键话题。前瞻力带来的是一种变革、科学、前卫的思想,是掌控未来、把握未知的能力。

企业制胜的命脉主要在于企业领导是否具有前瞻性的战略思维,如何站在未来布局现在,如何用未来眼光谋划企业战略。战略是一种思维、一套工具、一组行动,华为、谷歌等企业具有产品与服务场景思维和指数增长思维,才有当前的行业地位。总之,领导前瞻力不是简单自动化、虚拟化和信息化的敏锐性,而是洞悉整个商业模式的未来变化,整合资源并进行战略部署的能力。

3. 决断力

决断力即毫不犹豫地做出正确决策的能力与实现既定的组织目标的能力。古人云:"将之道,谋为首。"即领导者的首要任务在于谋略,也就是领导者主要职责在于决策,高超的决策能力是领导者的重要品质。决策就是判断,即在各种可行方案之间进行选择。作为一个成功领导者,底线是拥有高超决策能力,决策果断,而不是优柔寡断。通过决策把可能性转化为现实性,使得企业持续盈利,是领导者能否成为企业家的关键所在。

全球化经济背景下，如何面对更复杂、更快速、更多变的市场变化是一个领导者面对的挑战。因此，领导者要树立大数据理念，运用大数据工具，界定区块、建立"分权与授权体系"，保持应对市场快速变化的敏捷性。

4. 控制力

控制力即控制目标实现过程的能力。当今世界，机遇与挑战并存，不确定因素越来越多，充斥着各种诱惑，尤其是领导干部，到处都会遇到形形色色、五花八门的诱惑，优秀领导须以坚定的理想信念抵抗住各种外部诱惑。当企业领导者遇到行业发展瓶颈问题时，仍需聚焦不畏艰难、百折不挠的精神，坚持"不达目标不罢休"。社会化分工逐步细化、专业，新的产业链、区块链逐步形成，企业领导者须精准定位、专注主业、精益求精、追求完美。百年基业，人才为本。人力资源是一个组织的第一资源，组织的可持续发展离不开人才梯队建设，企业领导者须建立"继任者计划"，在组织内形成一种没有接班人就不能晋升，若想晋升，必须有接班人的思维、有接班人计划与方案，唯有培养出接班人来替代自己的位置，才能晋升。

5. 影响力

影响力即对被领导者、情境产生影响的能力。领导者要通过不断的学习提升自己，从而能够在组织中形成影响力。无论是《论语·为政》中提到的"学而不思则罔，思而不学则殆"，还是诸葛亮《诫子书》中提到的"非学无以广才，非志无以成学"，以及王充《论衡·实知》中的"人才有高下，知物由学"等，均提到学习的重要性。技术的进步正在以前所未有的速度渗透到人们的工作和生活中，唯有主动学习才能更好地开展工作，创造奇迹去改变生活。让学习成为一种习惯、一种常态、一种追求是优秀领导者的关键成功因素。

创新是一个组织发展的核心与关键，但创新来自持续的学习。面对新经济的新形态、新技术、新变革，应用强大的信息力量和驾驭局势是一个优秀领导者的能力之一。领导者应建立"三全一多样（全生命、全方位、全天候，各种各样的学习方法）"学习机制，制订自己的学习计划，评估学习成效，从而推动企业可持续发展。

四、领导力模型的作用

领导力模型的构建是在科学和心理学基础之上发展起来的，伴随着全球经济一体化和信息技术的发展，领导力模型更加具有重要的作用，在越来越多的组织中扮演着重要角色，是企业、组织在竞争中不可或缺的重要工具。

（一）增强领导层的管理能力

在组织中的各个领导管理岗位，都需要不同的领导能力才能出色地完成组织的各项任务，而领导力模型库中的远见卓识、战略思维能力、对组织忠诚能力等领导特性的分析可以很好地实现组织管理的目标。通过领导力模型可以科学合理地选拔出适合组织和适合岗位的领导者，对这些领导者开展有针对性的培训和培养，确定领导者的工作重点和工作岗位职责，充分提高领导者的管理能力。

这种领导力模型的作用在跨国公司和企业高级管理工作中得到了很好的验证，通过构建合理的领导力模型并进行相关的领导力开发，这些企业高级管理者可以在不断的工作和学习中成长为组织中的战略领导者，通过他们富有远见的分析，预判企业行业的未来发展趋势，利用领导力模型中的知识制定组织长远的、可持续发展的战略规划，科学合理地分析组织发展中的优势、劣势，扬长避短，同时也能够合理分配组织中的每位员工的工作，将企业愿景传达给他们，这样组织上下人员能够团结一心。在这样科学规划之后，可以通过组织领导者的战略指导、中层领导者的以身作则、普通员工的兢兢业业，努力实现企业战略规划目标。

通过领导力模型，还可以发现各领导者在性格、能力、个性、价值观等方面的差异，在人员配备上就能合理搭配，打造一支成员间能力互补、具有异质性的管理团队（领导班子）。

（二）培育有潜力的后备干部

每个组织的发展强大背后都需要一支有潜力的后备领导队伍，这是企业和组织长久发展的动力和源泉，对于组织的可持续发展也具有重大意义。通过组织构建的领导力模型，能够帮助组织挑选出所需要的高素质、高发展潜力的后备干部，在工作实践中有意识地进行培养，为组织发展提供后备力量。

（三）实现人员与岗位的匹配

领导力模型不但对企业和组织的领导者具有重要作用，对于组织中的员工与岗位的匹配也具有相同的效用。员工可以在其工作岗位中发挥个人专长，同时也适合个人性格和兴趣，这样的岗位和员工的匹配才能激发员工工作的积极性和热情，才能产生更高的工作效率。

领导力模型中的测评方法的应用，可以更好地匹配员工和适合他的岗位，

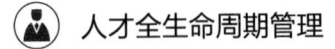

从而选择匹配度高的员工从事相应的工作；也可以给员工提供相关岗位的有价值的工作参考建议和意见，帮助员工在实际工作中较快适应，真正实现人岗匹配。

（四）实现组织与员工的"双赢"

在全球经济一体化加强、数字经济的快速发展背景下，市场竞争日益加剧，企业间的竞争也体现出高素质人才的竞争，组织的发展重点也将是组织能力的提高和组织绩效的提升，因此，构建适合本组织、本企业的合理的领导力模型，明确本组织中各个岗位的领导者和员工素质要求，能够帮助员工明晰自己的努力方向和目标，也能够帮助组织各个层次的领导者制定战略目标，这样员工和领导者步调一致，共同培育组织所需要的核心竞争力，实现"双赢"。

综合上述领导力模型在组织中的作用，可以发现领导力模型构建和开发已经成为组织核心竞争力的关键因素，也是组织核心竞争力的源泉。

第二节 领导力模型的构建原则与方法

一、领导力模型的构建原则

领导力模型构建需要坚持以下三个原则。

（一）易操作性原则

在模型构建时，要保持模型各维度的易理解性，以此达到定性目的。模型要保证在日后应用过程中，方便人员的应用，如果模型太过繁琐，其可操作性较差，便会产生模型被束之高阁、无效的情况，不能有效应用于现实的工作中。

（二）针对性原则

在构建领导力模型时，需要抓住相关领导者的关键特质，才能有针对性地构建模型。只有对症下药，将领导者最具备的领导能力素质提炼出来，才能在企业团队建设、培训、薪酬、绩效考核等方面有的放矢，才能为组织的战略发展提出一定的建议。

第六章　领导力模型构建

（三）稳定性原则

构建领导力模型要具备稳定性。一个模型在建立后必然要经多方验证，有一个不断完善的过程。模型需要根据实际情况的变化而进行修补，例如，对各个领导力维度的不同含义进行补充和修缮。但是，这种补充和修缮不会对领导力模型的主体结构（即维度）产生影响。如果模型主体结构随意更改，会产生整个模型流于形式的后果，最终使得模型偏离初设目标。

二、领导力模型的构建方法

（一）战略导向法

这种领导力模型的构建方法构建的领导力与组织的核心观念、核心价值观要一致。这种构建方法也符合"冰山模式"中的领导力描述，是主要针对某一种职业或某一特定专业所做的领导力构建，通过分析该职业、专业所需的岗位职责和岗位任务，建立领导标准。

战略导向法顾名思义就是要根据组织的战略层层分解，通过组织中小组讨论、研讨会讨论的方式，最终得出针对领导、员工的关键素质，对这些素质进行定义和划分层级。这样构建的领导力模型能够体现组织未来的战略导向，能够正确分析组织现状，反映组织发展战略中对各个层次人群的要求。

这种构建领导力模型的方法只是从理论方面进行构建，并没有实际的数据来支撑模型的有效性，模型容易受到模型构建人员的个人想法影响，从而使领导力模型带有一定的主观性。

（二）标杆研究法

这种领导力模型构建方法是根据组织行业企业的关键成功因素来构建模型，建模人员通过收集本组织行业的成功企业，同时参照成功企业的发展阶段，分析这些企业的共同特点来组建本组织的素质集合，最终形成符合本组织的领导力模型。

通过这种方法建立的模型具有广泛性、适用性、成熟性和可参考性，模型中的素质要求也是经过分析、比较和研究后得出的，在实际工作中具有可操作性。但是这种模型的缺点就是和参考企业的模型具有相似性，没有形成自己特色的模型，也没有本组织的实际数据来支撑模型的有效性。

(三) 行为事件访谈法

这种方法能够发现特定的领导力要素和领导力内容，通过充实的行为数据来支撑模型的有效性，从而保证领导力模型的有效、合理，并且是针对工作环境和职位特点的。但同时对于隐藏在深层次的领导力素质不容易发现，而且被访谈的对象数量有限，也会造成建模的样本量不足，从而影响分析的结果。通过行为事件访谈法来构建领导力模型的程序，简要说来，一般包括以下几个步骤，如图6-2所示。

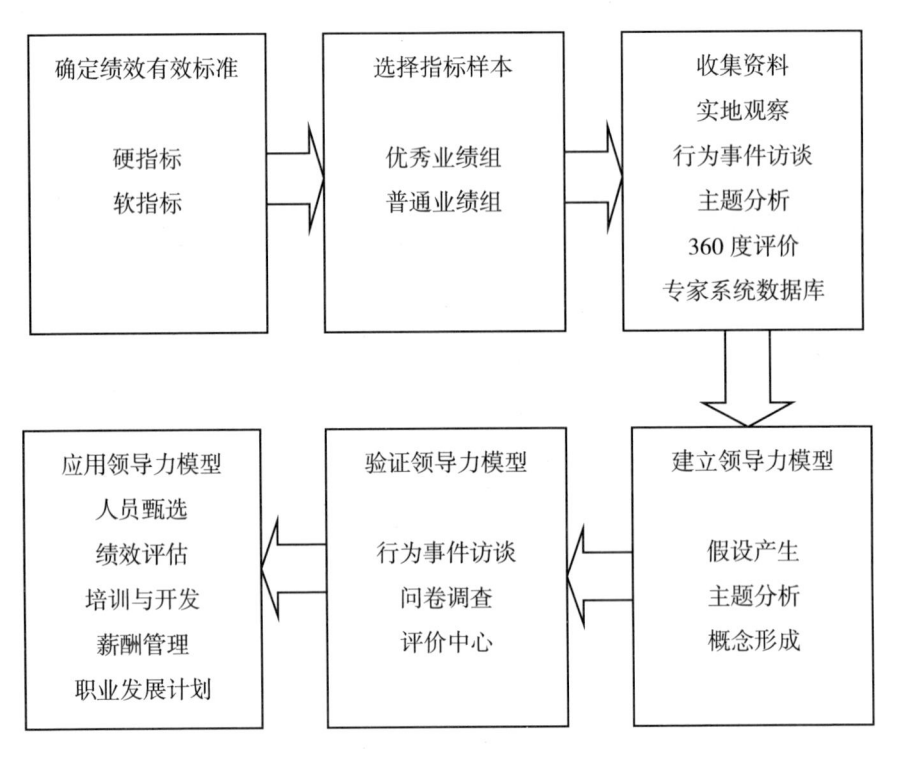

```
确定绩效有效标准          选择指标样本           收集资料
  硬指标          →      优秀业绩组      →     实地观察
  软指标                 普通业绩组            行为事件访谈
                                              主题分析
                                              360度评价
                                              专家系统数据库
                                                   ↓
应用领导力模型           验证领导力模型         建立领导力模型
  人员甄选        ←      行为事件访谈    ←     假设产生
  绩效评估               问卷调查              主题分析
  培训与开发             评价中心              概念形成
  薪酬管理
  职业发展计划
```

图6-2 基于行为事件访谈法的领导力模型构建流程

从上面的流程中可以看出来，建模的第一步是通过指标分析法和专家小组讨论的方法定义绩效标准，提炼出组织中各个层次的领导和员工的绩效标准，划分出硬指标和软指标；第二步是分析选取的样本，根据上面确定的绩效硬指标和软指标的标准分别进行比对；第三步通过行为事件访谈法获取有关领导力模型的相关数据，获取过去事件的全面报告，通过各自独立的主题进行数据分析，对于访谈中表现优秀和表现一般的人员进行分类整理，最终形成区分绩效的标准；第四步通过对收集到的数据资料统计分析，找出样本的共同特征和差异性特征，构建领导力模型；第五步对所建模型进行比较和评价；第六步将模式应用于组织人员的甄选、绩效评估、培训与开发中，使得构建的模型在实践中得到有效利用。

（四）专家小组法

专家小组法又称为"艾尔菲法"，主要是召集对基层经理人员有充分了解的专家，来收集他们对基层经理人员核心领导力要素的意见和看法，这些专家通常为企业内部的领导、企业基层经理人员、企业工作多年的专家以及企业外部的合作伙伴和专业咨询公司。专家小组法和行为事件访谈法相比投入的人力、物力较少，但是抽取的样本也较少。

（五）评价中心法

评价中心法是评价群体中不同个体在多种情景实践表现出的行为特征的方法。其特征就是用情景演练观察被测对象的特定行为，通常用工作、游戏、小组讨论、公文处理、演讲面试、案例分析等情景进行演练模拟。运用评价中心法选择领导的所有岗位进行评价，由多位评价者对收集到的被评价人员行为进行分析总结，从中筛选出领导力要素。

第七章　绩效管理和目标管理

随着国民需求的不断增加和经济的迅猛发展，我国企业的管理能力受到前所未有的挑战。为了更好地对员工进行绩效管理和目标管理，促进企业长久发展，本章针对企业员工的绩效管理和目标管理进行了较为全面的探索，通过优化员工的考核方式和管理方法，更好地促进企业人力管理的有序开展。本章分为绩效管理和目标管理两部分，主要内容包括：绩效管理概述、绩效管理的优化、绩效考核体系的优化、目标管理理论、目标管理的实施等。

第一节　绩效管理

一、绩效管理概述

（一）绩效管理的定义

杨浩提出，面对日益加剧的经济竞争和复杂多变的管理环境，越来越多的管理者开始意识到传统的绩效评估方法虽然有利于企业降低成本，但对改善企业绩效管理的效果差强人意。在这种情况下，学者们对传统绩效评估方法的优点和缺点进行了透彻的分析。1976年，研究人员比尔和利雅得提出绩效管理的概念，并将其定义为"管理、衡量、改进绩效并且激发正常潜力"。在绩效管理思想的发展历程中，绩效管理的内涵逐渐丰富起来，主要可分为三种观点，即绩效管理组织观、绩效管理个体观和绩效管理综合观。

1. 绩效管理组织观

经过大量的研究，1995年布雷德鲁普（Bredrup）等人提出了绩效管理组织观。他们认为绩效管理涉及三个过程，即计划、改进和考察，并建议从宏观

第七章 绩效管理和目标管理

的层面来改进组织结构和业务流程。该理论的核心就是强调绩效管理的对象是组织层面的绩效。

2. 绩效管理个体观

绩效管理个体观在人力资源管理作用发展和提高的过程中应运而生。该观点认为，员工具有巨大的潜力，可以充分发挥自身的主观能动性来创造和提高组织绩效。1993年，以安斯沃思（Ainsworth）为代表的该理论研究者们，构建了以员工绩效为核心的绩效管理模型。这些模型都以"以人为本"思想为指导，强调员工在绩效管理中的核心地位，提倡尽可能多地激发员工的工作积极性，通过提高员工业绩来达到提升组织绩效管理水平的目的。

3. 绩效管理综合观

张朝华提出绩效管理综合观融合了以上两种观念，认为员工目标与组织战略具有内在一致性，强调组织和个人同步成长，形成"多赢"局面。

（二）绩效管理的流程

目前学术界的主流观点认为，绩效管理流程由绩效计划、绩效实施、绩效考核、绩效反馈及绩效改进五个部分组成。这五个部分构成了一个闭合的循环，如图7-1所示，形成了一个完整的绩效管理体系。

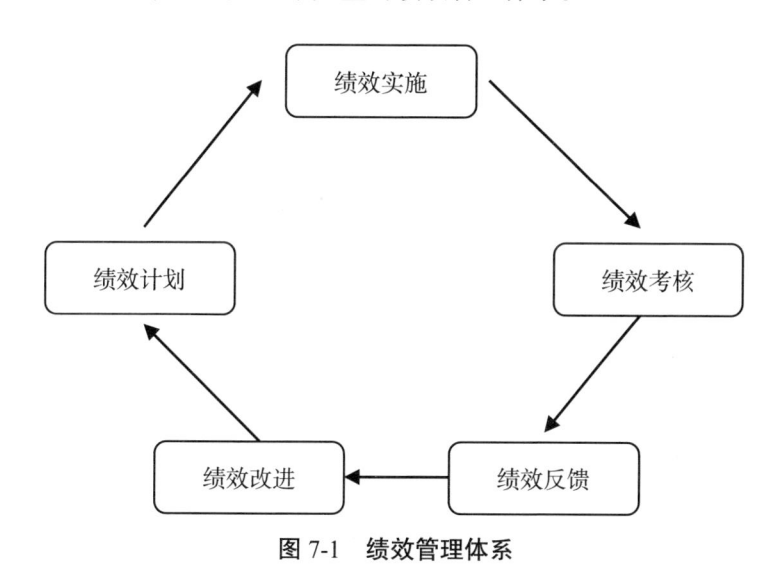

图 7-1 绩效管理体系

1. 绩效计划

绩效计划是绩效管理的初始步骤，制订合理的绩效计划是后面四个步骤顺利实施的基础。这部分的重点工作在于以下两点。

（1）评估内容

具体而言，评估内容是指绩效考核评估的指标和目标。在设计时，有必要将企业战略与部门以及员工的岗位职责相结合，并加强双向沟通，为每个部门和员工量身定制相应的评估考核内容。

（2）达到目标的措施

在设计出评估指标及目标之后，就需要考虑如何实现考核目标。此时，就需要管理者对各部门和员工进行指导，阐明具体实施措施。

2. 绩效实施

在制订绩效计划之后，紧接着就是绩效计划的实施。员工需要针对各自岗位的评估考核目标开展自身的工作。在此阶段，管理者不能将关注点局限于员工的工作成果，更重要的是关注整个工作过程，要在整个过程中与员工保持密切的绩效沟通，创造积极有效的工作氛围，针对员工遇到的问题和困难给予适时的指导、反馈和协助，拉近彼此间关系，增进感情，使员工工作绩效提升，从而达到绩效管理的目的。

3. 绩效考核

绩效考核应基于企业的绩效计划和绩效实施。考核人员以此为基础进行绩效考核，能够更加客观和公正地评估各个部门和员工的绩效水平。企业可结合考核对象具体情况的差异选择按月考核、按季考核或者按年考核。比如，针对研发团队，根据项目的持续时间选择考核周期会比较合理。

4. 绩效反馈

绩效反馈可以帮助解决考核者和被考核者之间信息不对称的问题。企业员工不信任绩效管理的主要原因是绩效管理过程不公开、不透明。在许多企业中，员工甚至对自己所取得的绩效结果以及与结果对应的奖惩情况一无所知。绩效反馈环节可以进行信息交换，使得员工对自己的绩效考核结果有清晰的认知，从而消除双方的不信任感。通过绩效反馈，员工可以清楚看到自身在工作中存在的优缺点，还可以与绩效管理者进行沟通和交流，探讨解决问题的思路或提出绩效改进的建议，从而提升整个企业的绩效管理效率。

5. 绩效改进

绩效改进是实现绩效管理目标的重要途径。绩效管理的目的不是简单地将绩效考核结果运用到员工绩效的评估中去，更在于促进员工绩效不断提高以实现绩效的持续改进。通过改进方法和措施，达到高效提升企业绩效的目的。

第七章 绩效管理和目标管理

（三）绩效管理的目标

绩效管理的初衷是企业与员工在目标及实现途径达成共识的基础上，通过激发员工的工作热情和提高员工的能力和素质，提升员工绩效，最终实现企业战略目标。

1. 目标导向

企业以战略目标为导向，将不同阶段的绩效目标划分成不同类别，按照进度和结果制定奖惩制度，实施绩效结果深层应用的管理模式，强调以逐层分解绩效目标为落脚点，确保每位员工都有明确的发展目标及管理方案。

2. 问题导向

企业以解决实际经营中的短板问题为导向。在制定绩效指标体系时，管理者应结合不同部门在生产经营中的瓶颈问题，选择合适的绩效考核模式，充分发挥绩效管理对员工的引领作用，为经营目标的达成助力。

3. 过程导向

企业以确保取得更好结果的实施过程为导向，通过做好员工工作计划、工作进程、达成工作目标的方法、工作态度等的管理，管控好过程，这样绩效结果才有可能会好。

（四）绩效管理的方法

绩效管理的方法很多，目前广泛采用的有以下几种。

1. 目标管理法

"目标管理"概念由美国著名的管理大师彼得·德鲁克在《管理的实践》一书中提出，他认为企业管理者的绩效目标必须源自企业的整体绩效目标，同时通过管理者对企业目标达成所做的贡献去衡量管理者的绩效情况。目标管理是一个过程，是从战略的角度对目标进行系统的研究，从上到下对总目标层层分解，并把这些目标作为组织绩效考核、部门绩效考核和个人绩效考核的依据，据此判断被考核对象对组织贡献的大小，可以极大地激发员工的工作积极性，且保证组织目标和个人目标的统一。这种管理方法通过确定目标、制定措施、分解目标、落实措施、安排进度、组织实施、考核等企业自我控制手段来达到管理目的。它是一种反复循环、螺旋上升的管理方式，其基本内容有：制定和分解目标、实现目标过程中的管理、目标成果评定。

2. 关键绩效指标管理法

KPI是英文"Key Performance Indicator"的简称，其理论基础是意大利经济学家帕累托提出的"二八原理",即关键少数百分之二十决定不重要的百分之八十,也就是抓关键价值驱动要素,抓主要矛盾。KPI 实际上是对企业战略成功关键要素的一种提炼和归纳,然后把这种战略成功的关键要素转化为可量化或者行为化的一套指标体系。所以,KPI 是事先确定和认可的、可量化的、能够反映目标实现度的一种重要的考核指标体系。

KPI 分两种:一种是基于战略成功关键驱动要素的 KPI,称为战略性 KPI;另一种是基于企业现实经营管理所必须解决的主要矛盾与问题的 KPI,如质量不稳定、成本高、应收账款多是某一企业所面临的主要问题,要聚焦解决这些问题,质量稳定性、降低成本、减少应收账款就可能成为这个企业下一经营年度的 KPI,称为现实经营问题导向的 KPI。

3. 平衡计分卡法

1990 年,由哈佛大学商学院的卡普兰教授和波士顿咨询公司的咨询顾问诺顿提出的平衡计分卡法,改变了人们单纯依靠财务质保监控公司的较小体系的状况。平衡计分卡法是目前企业绩效管理经常使用的一种方法,为企业的绩效评价体系提供了一种综合的分析方法。它兼顾了企业的长期和短期、内部和外部的平衡发展,将各种相互关联又相互支撑的要素综合在了一起,完整地反映了企业目前战略目标实现情况及企业未来的发展业绩,且在企业实现目标的过程动态控制下更好地改进企业经营绩效。平衡计分卡法由四类绩效评价指标组成:①财务角度,主要是指企业的财务绩效方面的指标,如利润率、销售额、现金流等;②顾客角度,主要指顾客对产品及服务的满意程度,如市场份额、客户满意度等;③内部流程,主要指企业的运营效率,如产品合格率、成本下降率、交货及时性等;④学习与发展,主要指企业通过学习和不断创新以提高其竞争力,如员工流失率、员工满意度、培训小时数等。

4. 标杆管理法

1979 年,美国施乐公司首创标杆管理法,通过不断地研究和实践,将行业内一流的企业与本企业进行比较、分析和判断,从而不断地得到改进,缩短与一流企业的差距或者赶超一流企业,继而不断地创造优秀业绩,形成一个良性循环的过程。标杆管理法共分为八个步骤:第一步,确定标杆管理主题;第二步,组成标杆管理团队;第三步,选择标杆管理对象;第四步,收集资料和数据;第五步,进行标杆比对;第六步,沟通与交流;第七步,采取行动;第八步,持续改进。

二、绩效管理的优化

（一）绩效管理优化的目标

1. 打造系统完整的绩效管理

企业可根据绩效管理现状，按照绩效计划、绩效实施、绩效考核、绩效反馈和绩效改进五大环节进行完善优化。一是对缺失的绩效计划、绩效实施进行补充，通过辅导和沟通增强绩效管理的目标导向；二是运用平衡计分卡法和关键绩效指标管理法，提炼指标，明确权重、评分细则、流程与工作要求；三是开展绩效反馈与改进，形成绩效管理的完整闭环。

2. 提供相关保障措施

绩效管理的优化是一项系统性工作，需要各所属单位和相关职能部门的协调配合。为保障执行力和执行效果，应建立相关制度保障、人员保障和文化保障措施，确保绩效管理落实到位，取得成效。

（二）绩效管理优化的原则及思路

1. 绩效管理优化的原则

企业原有绩效管理体系和操作方法随着企业进一步发展会出现新的情况，原有的管理体系可能无法与现在的企业发展相契合，如果继续使用原有的绩效管理体系不但无法助力企业实现战略发展目标，反而可能会起到无法预估的反作用并阻碍企业进一步发展。

衡量一个企业的绩效管理体系是否行之有效的重要依据就是看其能否适合企业现阶段的发展，其标准是以该体系所创造的价值高低来进行衡量。这就说明绩效管理优化的原则应该是要从实际出发，依据组织架构、员工素质、企业发展脉络等诸多变量再制定合适的优化方案，使得优化后的新体系能够切合企业实际，充分发挥作用。

（1）战略导向原则

绩效管理优化首先应从企业的战略发展出发，优化方向应基于企业战略大局。在设定绩效指标时，应充分结合企业的宏观目标，包括长期目标与短期目标。

（2）定性与定量结合原则

目前，一些企业在制定绩效考核指标时，大多数是围绕工作态度、工作责任心等主观评价为主，存在片面性。坚持定量为主与定性相结合的原则，对工作人员进行考核，是较为合理的方式。

（3）动态调整与可持续发展原则

动态调整与可持续发展原则要求在绩效管理过程中，根据企业的动态状况，运用灵活的手段调整绩效管理体系。动态考评有利于人才的效率提升，防止思想僵化，推动企业系统的联动与整体效率的提升。但是此项原则对管理人员的投入与专业程度要求较高，需要对企业内部绩效体系保持实时跟踪，以实现动态调整。

在设计绩效管理体系时，管理者不能秉持"为了考核而考核"的思想，忽视其他一系列的绩效管理内容。要知道，绩效考核不仅是为了给确定绩效工资提供依据，它还有其他更重要的作用，比如发现员工在工作中的问题与不足，为员工纠正错误，引导其提升个人素质和个人业绩，为企业带来更多的效益。

2. 绩效管理优化的思路

（1）健全绩效管理体系

绩效管理工作应该与企业的战略目标、组织架构、薪酬绩效、福利待遇等诸多实际内容捆绑在一起，有机统一以提升效能。同时，也需要重视绩效管理的考评结果反馈，有效且及时的考评反馈配合与之相匹配的绩效奖惩制度，可以促进绩效管理发展，整合企业资源，助推企业战略目标的实现。当企业绩效管理体系健全化和正规化之后，能确保与企业战略相辅相成，防止因为绩效管理通常具有的耗时长、难度大的特征而无疾而终，利用体制化形成延续性，使得绩效管理能够切实为企业核心竞争力的提高而服务。

因此，优化工作推行的基础是需要科学全面地对企业内不同部门、不同岗位的工作进行分析，得出详细且合理的工作说明，将不同岗位工作的职责做好明确划分，将不同岗位的工作特点进行确定。

（2）加强宣传，提升员工对绩效管理工作的认可度

员工对于绩效管理工作的认知变化对于绩效管理的优化工作推进至关重要，因为绩效管理工作的基础归根结底还是人。所以，企业首先需要强化内部宣传，深化员工对相关知识概念的理解，尽量避免员工出现对绩效管理的错误认识，积极推动员工对于绩效管理的态度转变，确保内部思想统一，为后续工作的开展奠定基础；其次是要培养出高素质的绩效管理专业人才，绩效管理工作具有明显的知识性和专业性特征，缺乏理论和专业人员作为支撑的绩效管理只会导致管理效能降低，不利于企业发展，所以需要强化企业内训制度，企业可与高校等科研机构联动培训，组织管理层学习了解掌握绩效管理相关理论知识和技能，再以点带面，帮助更多员工增强对绩效管理的了解，并通过沟通的过程营造企业团队的良好学习氛围；再次是要鼓励并以制度方式确保员工能

够参与进绩效管理中，而不是置身事外，这有助于激发员工的主人翁意识，满足员工的高层次需求和自我观感，为优化工作的推进获得员工支持提供助力；最后必须认识到，绩效管理工作应该是一个全体参与的工作，不能错误地认为绩效管理只需要人力资源部门负责即可，全体公司成员都应该适应于绩效管理成为企业常规工作的一部分，承担相应的责任，为优化工作做出相应的贡献。

（3）绩效管理优化工作需要围绕着企业文化进行

不能将企业文化与绩效管理工作拆开为两部分，他们是紧密相连、密不可分的。绩效管理优化工作的开展依赖于企业文化，同时企业文化也应以绩效为导向，反之，从另一角度而言，绩效管理优化工作的实施过程也能够反映出企业文化的特点。

（三）绩效管理优化中的绩效方案制定

优化工作中的绩效方案制定是以企业的战略目标作为依据，在企业内部进行充分的不同层级之间的有效沟通，将组织战略落实于各个部门，而各部门将组织战略结合部门目标再落实至不同员工本身。在这一层层落实的过程中，我们需要反复强调的是有效沟通的重要性，因为单纯地将组织目标分解最后落在个人身上，只能保证落实这一个单独的结果，而不能将被落实人的想法和反馈与组织战略进行有效结合。如果因为在目标分解过程中出现绩效指标设定不切实际，或是被落实个人出于不理解等原因产生绩效工作的抵触情绪等都有可能导致优化工作无法顺利实施，故而沟通应该是全面而多向的，不应该是单纯自上而下的一个目标分解传达过程。

绩效方案应该是从企业、部门和个人三大层面进行分解但又保持联系的落实，每一个低层级的绩效方案都是对其上一级工作的进一步落实，而高层级绩效方案也需要为低一级的工作实施提供有力保障和支持。

1.绩效方案的准备

从组织层面而言，企业应当建立人力资源绩效管理工作领导小组，企业的主要管理者担任小组长，分管领导担任此小组的副组长，各部门领导作为领导小组成员。

领导小组的主要职责是组织协调全企业人力资源绩效考核工作并协调处理。例如，设立领导小组办公室，办公地点位于人力资源部门，办公室职责为：修订并改进绩效考核方法；促进并监督考核工作的开展；梳理并统计考核结果；接受并积极处理相关投诉或建议等。运行良好的绩效考核可以有效激励员工，提升组织与员工的工作效能，实现企业发展目标，创造更大的价值。故而绩效考核应该是与激励机制有机结合，双管齐下，以对被考核者产生正向促进作用。基层员工的绩效薪酬分配与工作量存在一定差距，会导致基层员工的工作认同度不高，难以提升工作积极性，所以必须制定合理的绩效激励薪酬分配方案辅助绩效计划的推进。

2. 部门层面绩效方案的制定

企业与部门的关系是整体与部分的关系，企业居于主导地位，统领着部门。但是也意味着企业由部门所构成，一旦缺少了部门，企业也就不复存在。企业的发展需要部门的发展作为支撑，所以部门层面也需要制定绩效方案。企业的绩效方案需要和企业战略相结合，部门的绩效方案也不例外，当企业绩效方案和战略向下划分到部门层面后，各部门需要将部门实际和工作职责与企业战略结合起来进行分析，得出符合本部门的战略方案。这一分析过程可以是部门层面内部的上下沟通，也可以是通过高层协调的跨部门联合沟通，因为企业内部的各个部门并不是静态独立的，均会存在一定的交叉业务，各部门之间也会存在着诸多联系，所以在部门层面的绩效方案制定也需要考虑跨部门协作共同参与制定，众人拾柴火焰高，跨部门间的充分沟通对于企业整体的全面认可具有正面意义，所以部门层面绩效方案的制定可分为以下三点。

①部门负责人在承接企业高层向下分配的战略目标和绩效方案的同时也要及时地将上级意志向下一层级传递，确保全部门能够理解绩效管理优化的意义，另外，部门负责人也需要将本部门的实际问题总结后向分管领导进行反映，确保企业高层了解企业各部门的实际情况，随时对方案进行改善性调整。这意味着部门负责人是企业高层与部门基层员工之间的信息传递中介，因为员工对绩效管理优化工作的理解度、参与度和效度决定了优化方案推行能否顺利，故而做好这一工作有利于各部门的员工参与进企业绩效管理的优化工作之中。

②部门负责人与本部门管理者、员工代表集体探讨确认部门层面绩效草案，并寻找是否有需要跨部门协同操作的部分，汇总后在企业高层召集的会议上提出意见并寻求跨部门协作，助力企业的绩效方案完整化。

③讨论得出的绩效方案需要以部门流程图作为辅助，因为只有明确本部门的工作职责才能有针对性地推行优化方案，将主次划分清楚，在实施方案的过程中抓住重点，尽可能地利用绩效方案的推行提升本部门的工作效率，为企业战略实施起到支撑作用。

3. 个人层面绩效方案的制定

个人层面绩效方案作为整个企业绩效方案划分中的最基层，即在各部门承接分配的绩效方案后进一步分解给每位员工，这一分解过程要求每位员工的绩效方案应该尽可能地与自己的工作岗位与工作性质相吻合；绩效责任定点分配到人，尽量避免出现员工之间、员工与管理者之间相互推卸责任的情况。

同时，绩效方案在个人层面并不是机械式单向传递的，方案的有效实施需要以员工对于绩效管理的充分理解和对自我工作绩效考评指标及标准的充分认识为基础，并在考评过程中尽可能提升参与度同时能够获得有效的向上反馈渠道，保持考核者、被考核者和监督者之间的有效多向沟通。

（四）绩效管理的应用

1. 员工薪酬

员工薪酬的获得标准应该以部门实际为基础进行调整，允许不同部门和不同岗位之间出现一定的差异性，尽可能确保绩效薪酬体系竞争力的同时也要保证公平性。这说明了公平公正必须是绩效考核的大前提，然后再确保能者多劳有其酬，可以塑造绩效考核中的先进典型，多角度调动员工积极性，促进他们的绩效提升，营造出公平、效率的企业文化。

2. 员工职务晋升与调整

员工职务的晋升和调整的参考标准中也应该增大绩效考核结果的权重，因为准确有效的绩效考核结果能够较为准确地反映某位员工的个人能力和贡献，通过绩效考评判定为有能力为企业做出更大贡献的员工应该在未来的职位晋升和调整中优先考虑，通过等级的提升满足其对自身的高层次的需求，起到更好的激励作用。而保证员工职务晋升与调整的合理性、程序性与公正性有助于企业核心员工的忠诚度保持，通过提升员工对企业的认同度以减少员工流失现象，从而追求企业的稳定发展。

3. 员工培训

员工培训是由人力资源部门与各部门根据绩效考评结果收集的信息分析之后，协同针对在考核过程中发现的被考核者存在的问题，交流分析后制定出具有针对性且行之有效的培训方案，方案制定完成后可由人力资源部门集中统一组织培训或由各部门自行组织员工培训。员工培训应该是一个长期化的工作，在保持培训不断的同时也要做好培训后的效果反馈，可以做一段时间的跟踪观察，衡量培训是否有效和效能的大小。

4. 员工个人发展计划

考评结果可以助力制订具有所处岗位实际工作特点的员工个人发展计划。对于考评成绩优秀的员工可以优先纳入企业人才储备计划中加以培养，如利用换岗培训、脱产培训、拓展培训等方式助力员工在未来的职业发展道路上更进一步，员工在获得更佳的未来发展前景的同时，企业也获得了双赢，有了更为优秀的员工为企业服务。

三、绩效考核体系的优化

显然，一些企业当前的绩效考核体系仍然存在着一些问题与不足，针对目前的绩效考核体系，需要以不断增强职工的绩效考核意识、优化企业的运营管理情况、促进企业决策更加科学合理为目标，遵循权责统一、量化考核、公平公正、及时反馈、广泛参与、信息整合、综合平衡的原则，强化考核结果应用，不断优化高层、中层、基层工作人员考核指标，根据实际情况设置合理的绩效考核周期，完善考核反馈机制，对目前企业现有的绩效考核体系进行优化，以此来不断提高员工的积极性，提高工作效率，进一步促进企业提升整体经营效益，提高市场竞争力。

（一）绩效考核体系优化的目标和原则

1. 绩效考核体系优化的目标

绩效考核对于企业职工的奖励、惩处、工作质量的提高等具有重大作用，对企业的发展具有非常重要的意义，企业要想获得发展与进步，应该创建一系列完善的、统一的、合理的考核制度，经过细致的分析，弄清楚岗位的工作任务、职责，之后再联系具体状况，分步骤、有规划地设定各项考评指标，完善企业的绩效考核体系，使员工的参与积极性得到不断提升，从而使员工的工作效率也得到提高，最终，提高企业的竞争优势和水平。

（1）不断增强职工的绩效考核意识

职工关注并重视考核工作，才能不断完善绩效考核体系并进行全面执行，所以应该进一步提升职工对绩效考核的关注度，从企业的战略、长期计划等角度对于绩效考核的作用进行再一次确定，不要只是将它当作一种扣除奖金与薪资的工具与方法。

除此之外，企业设定的绩效考核方案的成功推行，要依赖企业全体员工的高度参与，而现如今一些企业的员工对于本单位的绩效考核体系具有一些的偏见与不满，甚至是将其看成一个累赘，并未认识到绩效考核对职工的工作效率的提升、任务完成质量的检查、得到公正合理的对待等具有非常重大的作用。所以，对于企业的绩效考核体系进行完善与改进的主要目标之一就是营造一个相对公正、积极、阳光的办公环境，所有的一切都用考核结果和数据来说话，从根本上消除人为因素的影响，同时避免因不公平因素导致考核结果存在偏差，不断实现科学管理。

（2）优化企业的运营管理情况

企业绩效考核体系是不是能够得到顺利运转，对于职工的工作热情会产生非常大的影响，倘若绩效考核出现了问题，就会打击职工的工作积极性，降低工作效率，导致企业的总体可持续发展产生问题。对于企业的绩效考核体系做出改进与完善，还能够有效促进企业高管人员和基层职工的交流，使得高管人员能够对于基层职工的具体状况有一个清楚的了解，进而提供给基层员工一个有利的机会，使管理层与基层之间的信赖感不断增强，有利于高管与基层职工之间关系的处理，增强双方的信任和了解，同时使员工的合作意识和对于企业的认可度有所提升，使企业的管理状况得到有效改善。

（3）促进企业决策更加科学合理

企业当前推行的奖励处罚体制和绩效考核之间具有非常密切的关系，企业依照考核所得结果对职工的工资的增减与岗位的升降做出处理，可是在这当中还存在一些企业对于所有职工进行相同的考核，没有按照员工岗位的不同分工或工作职责等安排有针对性的考核，没有根据实际情况进行有针对性的绩效考核指标的区别设定，同时对于进行奖励或惩罚的机制也不够完善，没有足够的依据，而且也没有完全按照考核结果来进行奖励或惩罚，导致有相当一部分员工产生了不满，对企业的绩效考核存在抵触情绪。所以，应该创建健全的绩效考核体系，并且和企业的奖惩体制密切联系在一起，加强考核结果的应用。

2.绩效考核体系优化的原则

绩效考核体系是对企业各个部门、各位职工的工作情况与效率做出监管的重要渠道，它对企业目标的完成等均发挥了非常重要的作用，对于绩效考核体系进行优化应该包含对方案进行合理的设定、对制定的方案进行全面执行、对执行方案的情况进行适当的反馈、对执行方案后期所得结果进行合理的应用等。一个完善的绩效考核体系的制定，实际上是一个包含各项因素的复杂过程，在优化设计绩效考核体系过程中，应该遵循以下几点原则。

（1）权责统一

对于每一个职工执行不同的考核指标，明确职工所拥有的权利和员工在实际工作中所承担的责任，做到有法可依、有法可循、令行禁止，使企业的绩效考核更加公正，减少由于权责不明导致的摩擦冲突，使员工拥有的权利与应该担负的职责处于对等的状态，使得企业整体工作效率得到提高。

（2）量化考核

在进行绩效考核时，要对员工的工作数量、取得的成绩、工作的能力等指标进行公正客观的调查。为了得到一个清晰快速的结论，我们应该对相关指标进行量化。对于可以利用财务指标来量化的情况，应该用财务指标量化，对绩效考核的结果进行客观、精准的表达。

（3）公平公正

企业的绩效考核与职工的利益存在着密切的联系，如果指标的设定与权重的设定产生漏洞的话，通常难以精准地表现出企业职工的实际工作情况。在制定考核指标和权重过程中，要根据企业各员工以及部门的实际情况，科学、合理地进行指标和权重的设置，不断激励员工提高工作效率和积极性，同时实现客观公平。比如说，某位职工在工作的时候效率非常好，可是他任职的部门绩效却比较差，该职工的绩效考核结果将会被部门拉低，如此一来就会使得职工的工作热情大打折扣。又比如，职工自身的工作效率比较低，可是其任职部门的绩效却比较好，在进行考核的时候该职工的得分会随部门得分的提高而提高。不管是哪一种状况，都难以公平、客观地表现职工的实际工作情况，更不益于企业职工提高工作实力，因此在实际运用中要注重相关设置的公平公正。

（4）及时反馈

与职工进行及时有效且科学的交流与反馈，根据职工的要求与看法对于绩效考核体系进行适度的调整与完善，可以使得绩效考核的作用得以发挥；了解职工的实际想法与看法，可以使员工及时将认为自己受到不公平对待的情况，向企业反馈，从而使得在运用绩效考核体系的过程中，可以真实反映实际情况。

（5）广泛参与

在绩效考核体系创建及运用过程中，所有职工都要参与，并遵守相关要求。无论是高层职工，中层职工还是基层职工，都要参与到创建和运用绩效考核体系的过程当中，并承担起相应的责任。①高层职工要清楚地认识到绩效考核体系推行的意义，从而能够保证有关内容的实施，将企业的目标与长远计划执行下去。②企业的中层职工大体上包含了每个部门的经理与主管，他们作为各大部门的领导者，在实施绩效考核的时候应该对于基层职工的具体工作状况予以监管与指导，应该花费较多的时间与精力监督基层职工完成工作任务。企业的职工作为绩效考核的主要参与人员与对象，其年终奖的计算与下发、职工职位的调整很大程度上依赖于绩效考核，企业的职工只有对于绩效考核的主要作用有一个合理的认识，这样才能够配合实施企业绩效考核方案，确保绩效考核的功能得以更好发挥。

（6）信息整合

将企业实施绩效考核之后得到的有关资料，运用在企业的绩效管理活动当中，可以对企业高管做出的决策与职工的培养提供根据，进而帮助企业改善生产效益和运营质量。

（7）综合平衡

在设计绩效考核指标的过程中，有关人员可以将财务指标和非财务指标结合起来，以此作为基础，提升企业的运营能力与职工的工作效率，保证企业绩效考核的科学性、合理性。

（二）绩效考核体系优化方案

1. 设置合理的绩效考核周期

企业应当依照各个部门与各个职位的差别设置不一样的考核周期。下面我们将营销与科研两个部门当作案例进行论述。营销部门的考核周期应当设置成季度、年度两个考核周期。由于营销业绩的显现是一个比较慢的过程，所以将月当作周期不够科学，因此进行季度考核比较科学。在年底的时候再考核1次，根据季度考核结果，对一年内的绩效和有效性进行评价。研发部短期考核仍以月度考核为基础，而长期评估则有两种方式，即年度评估或项目评估。这两种考核方式也各自有着各自的特点，部门负责人可以与员工协商，同时应结合企业不同部门的工作实际情况，选择适合当前情况的考核方式。

2. 强化考核结果应用

值得注意的是，绩效考核的最终目标并非简单完成考核任务，而是根据考核所得结果对于职工现在的工作状态做出调整，对于企业的运营管理工作做出改进，所以说，考核所得结果是不是可以得到合理应用，对于绩效考核是不是可以起到应有作用具有重大的决定性意义。

在绩效考核完成之后，企业能够对于自身的经营状况、职工的工作质量、战略目标的完成进度等有一个全面的了解，进而依照所得的信息对企业日后的战略部署、经营管理等方案的制定有一个大体的方向。除此之外，还能够依照所得结果对于日常工作当中凸显出来的不足做出弥补。

对于企业来说，绩效考核所得的结果应该被应用在职位的调整、工资的计算与发放、职工的培训以及奖惩激励等方面，具体可以从下面几个角度着手予以应用。

①将所得结果当作工资调整与职位升降的主要参考。企业应该推行季度考评和薪资相互联系、年度考评得分和年终奖紧密联系在一起的制度，每位职工

的绩效得分存在差别，其绩效奖也存在差别，就可以改变过去干好干坏都一样的状况。

②将所得结果当作选拔职工的主要参考。企业应该更加深入分析绩效考核所得的结果，对职位和职工本身是否匹配进行研究，分析职工是不是恪尽职守，依照考评结果对于职工的职位做出合理的调整，做到人尽其才、扬长避短。

③将所得结果当作职工工作技能提升的主要参考。企业应该深入地考察并研究绩效考核所得结果，进而帮助职工找出工作技巧、专业知识以及个人素养等方面具有的缺陷，进而对其进行专门性的培训与教育，弥补他们的短处，发扬他们的长处，进而提升职工的总体素养与专业能力。

④将所得结果当作职工职业规划的主要参考。与所得到的考核分数进行联系，从而比较清楚地了解自身的发展前景与走向，使职工建立起相应的危机意识，更有助于他们对于自身的职业进行规划与调整，以此来提高自己的工作能力。

3. 完善考核反馈机制

一些企业经常因为缺乏通畅的交流与反馈，使得考核所得结果没有办法快速反馈给职工，员工也没有办法迅速向领导汇报建议，导致企业员工无法对绩效考核的相关情况有一个基本的了解，甚至有时会因此产生一些抵触情绪，致使不予以配合的情况的产生，更不用谈下面的绩效考核结果的应用，无法使员工的工作效率得到有效提高。绩效考核体系优化过程中，引入面试反馈、绩效申诉等沟通反馈机制，会使得绩效考核的系统性、科学性以及完整性不断增强。

一是在进行考核前，考核者应将具体的考核目标、标准、指标、方式方法和注意事项全部告知被考核者，以此来确保接受考核的职工对于考核的流程、内容等有一个全方位的了解，保证考核能够顺利进行。

二是在考核程序实施的时候，考核组织者应该对于考核的分数予以保密，千万不能够对外泄露，尤其是针对部分考核得分较低的职工应该挨个进行约谈，找到其中的原因，从各角度了解与掌握情况，解除职工的顾虑与不满，使得职工知道应该怎样改善自己的工作。

三是在绩效考核工作完成之后，考核的组织者应该就职工的工作落实状况与职工实施面谈，一定要对职工的优势以及在工作当中获得的成果进行认可，之后再指出其工作当中具有的弊端与不足，并且给出相应的改善措施，而且应该将谈话的情况进行记录。

四是在考核程序完成之后,人力资源部门应该将考核结果进行公开,使得职工能够快速地了解自身的考核成绩与其他情况,倘若职工对于自身的得分存在疑问的话,可以与人力资源部门沟通反映,在有关部门核实具体状况之后做出修正与补充,如果有关部门无法处理妥当,职工可以在结果发布两天之内向考核小组提起申诉,考核小组要在五天之内给出答复。

第二节　目标管理

一、目标管理理论

(一)目标管理理论概述

彼得·德鲁克在1952年提出了目标管理理论。对于目标管理,彼得·德鲁克认为目标和管理的顺序应该是相反的,目标应该在管理之前,有了目标才会有管理,对于目标实行的管理,才是切实可行的管理。

彼得·德鲁克对于企业目标的制定和执行的人员有规定,他认为目标的制定和管理须为同一个人,同一个人制定的目标必须由本人完成,这样的目标管理才是有效的。目标管理中目标的制定和完成必须有一个步骤。首先,需要确定企业的总目标,对总目标的细化、分解是目标执行重要的一步。其次,管理部门分解分配企业总体目标,下属直属部门根据企业的总体目标制定各自的分目标,然后对分目标进行分解,制定执行的期限。最后,下级职能部门将针对员工制定的目标进行下发,让基层员工清楚地了解目标的内容和要达到的标准,帮助员工树立主人翁意识,激发员工的积极性、主动性和创造性。

泰罗认为,衡量员工的工作内容和工作的成果,必须以企业的目标为标准,员工的工作内容要想得到企业的认可和赞赏,必须对企业的发展起到重要的影响。

(二)目标管理理论的内容

目标管理理论主要有四个内容,即目标管理的内涵、目标管理的主旨、目标管理的实现形式和目标管理的最终目的。

第一,目标管理的内涵是目标管理仅仅是管理部门参与企业管理的一种形式。

第二，目标管理的主旨是目标管理需要将员工看作目标实行的一部分，让员工作为企业的管理主人翁参与企业目标的执行，而不仅仅将员工作为企业的机器，要帮助员工从管理的角度去思考企业的未来。目标管理的全部意义在于用"自我控制"的管理取代"压制性的管理"。

第三，目标管理的实现形式是需要管理层权力下放。管理层将目标任务和实行期限下发给员工，员工可以根据自己的工作习惯高效完成工作，企业的管理层仅作为监督部门对工作的结果进行检查，从而帮助管理层建立民主式的管理方法。

第四，效益优先是目标管理的最终目的，目标管理的目的就是体现效益。

二、目标管理的实施

(一) 目标管理的实施过程

1. 目标的设置

目标的设置是目标管理最重要的步骤，只有设定好需要实现的目标，才可以事半功倍地完成企业的目标管理过程。目标的设置可以分为四个步骤。

（1）初期目标的设定

这个目标主要是高层管理者站在管理角度对企业的管理做的目标预案，这个目标是可以被修改的，并不是最终目标，是由企业的管理层提出预先目标，再由上级、下级对目标进行分析和讨论。

（2）组织结构、职责分工

在初期目标确定后，组织需要根据初期目标对企业的组织架构进行重新设定，确定各职能部门的职责分工，确保目标的顺利执行。

（3）确立下级的目标

在确定企业的大方向后，再一级级确定下级目标和职责，对于下级的目标和职责，企业管理层需要倾听下级的意见，帮助下级确定目标并激励下级完成。目标的设定应该是可量化的和可评估的，要有明确的优先顺序，以免顾此失彼。

（4）确定奖惩机制

目标设定后，上级和下级之间要确定可执行的奖惩机制，这样一方面可以帮助上级对下级工作进度进行监督和管理，另一方面也可以激励下级更快地完成目标，实现共赢。

2. 目标完成过程的管理

目标完成过程的管理是确定目标顺利完成的重要步骤。目标完成过程的管理强调自主，但自主不代表放任自流，相关人员应该严格把握完成目标的时间节点，避免出现不必要的失误。

对于目标完成过程的管理，首先，目标的制定和实施都是企业管理者的行为，目标管理的实施，需要管理者跟踪目标实施的每一个环节，并且随时检查目标实施中存在的问题并及时纠正和解决，避免出现更大的失误；其次，管理者也应该不定时地和目标执行的部门进行沟通，便于协调；再次，如果目标在实施过程中出现问题，要及时发现并和下属合作解决，帮助下属解决问题，以保证目标的结果持续向好；最后，在目标完成过程中发现原定目标有不可修改的错误时，要及时改正原定目标。

3. 总结和评估

在总结和评估阶段，对既定目标的总结和评估是检验企业目标制定的合理性，对企业是一次考验。因此，应该在预定目标完成后，下属对目标完成情况评估并做汇报，由管理层对目标完成情况进行检验，兑现奖惩制度，帮助员工确立自信，同时讨论下一阶段的目标，开始新循环。对于没有完成的目标，要总结目标执行过程中出现问题的原因，总结经验教训，保持团队的凝聚力。

（二）目标管理的实施方法

①明确目标：具体明确相关目标。

②参与决策：管理者上下级共同参与选择和决定目标，形成统一的意见。

③规定期限：为每一个目标设定一个明确的时间期限。

④反馈绩效：将目标实施的进展情况反馈给相关人员，以便于随时调整工作进度和方式，所有目标实施人员要共同回顾和检查目标进展情况。

第八章　人才供应链管理

随着经济环境快速变化、劳动力结构日趋多元、信息技术飞速发展，企业面临着前所未有的人才短缺和人才流失问题，人才管理逐渐得到企业和学者的关注，成为学术界研究的焦点。为推动人才管理领域的快速发展，相关学者将供应链管理理论运用于人才管理领域，以促进人才培育。本章分为人才供应链、人才供应链风险和人才供应链风险管理对策三部分，主要内容包括：人才供应链的含义、人才供应链主要内涵等。

第一节　人才供应链

一、人才供应链的含义

王世英从分析人才库概念的缺陷入手，提出了建立企业人才链管理系统的理念，分析了企业人才链的特征，提出了构建动态的具体人才链管理系统的有关方法。

彼得·卡佩里（Peter Cappelli）提出将普通的供应链管理模式应用于一般的人力资源管理过程中，建立一个基于企业基础管理需求的各类人才管理工作模型，让员工、技能、岗位迅速匹配，实现类似一般管理中的供应链管理。他指出，创新的人才管理模式就需要去解决如何应对外部各种环境变化，当然包括商业环境在内的各种不确定性的问题。同时，针对外部环境的变化性，企业内部的各类人才管理应当更加关注提升管理灵活性和管理柔性的问题，以确保能够满足企业生产经营各类业务发展的要求。彼得·卡佩里指出对企业人才疏于管理无异于对供应链管理失当。初看二者似乎毫无联系，不过这似乎是很有效率的新理念，即像管理供应链一样管理人才库。吴会江借鉴企业管理理念中"供应链管理"思想，提出人才供应链及人才供应链管理的概念，探讨了以高校为中心、由"家庭—中学—大学—各类用人单位—社会"构成的人才供应链管理模式,并从人才供应链管理的视角对高校人才培养问题进行了探讨和分析。马春霞根据供应链的基本模式及其对人才培养的启示,提出了人才供应链观点,并将这一观点引入高等学校计算机基础课程教学中,对课程目标进行了重新定位,设计了与社会需求相适应的课程结构体系。刘喜文提出打造人才管理供应链,较为系统地论述了人才供应链的关键要点、主要步骤。郑烨通过借鉴企业"供应链"思想,对现阶段我国企业各类人才管理模式的现状进行解读,提出"人才供应链管理"模式的实现路径,为创新我国企业人才管理模式提供思路支撑。

二、人才供应链主要内涵

王湘南认为人才供应链是以企业的劳动力资源为主要目标,通过过程的增值以及信息的管理和控制形成的网链结构。在人力资源的供应链上,人力资源部门可以比作一座桥梁将企业的外部和个人与企业内部的人力资源部门和雇员联系起来,帮助企业从更加宏观的系统化和企业整体利益的视角来看待和处理各类人力资源管理的问题。人才供应链不仅是一条连接人才供应、培训、服务、使用的人才链,而且也是一条增值链。

人才供应链管理的各类主体主要有三个:供方、制造方、需方。但因为人才供应链本身所处的企业的形态、行业特点的差异,也在一定程度上决定了各类人才供应链中的主体,也会有所不同。若把普通高校定位成人才的制造方,则人才的供方为下一级别的其他学校或普通家庭,需求方为上级的教育主管部门及企事业单位,但是最终仍然为社会;若把企业的人力资源部门定位为制造方,那么供应方则应当为高校或社会,需求方也改变为企业的内部具体用人部门与其他客户。此外,由于不同企业的各种差异,人才供应链中各主体的作用、地位以及功能也会存在着显著不同。

徐欣认为新的人才管理系统以人才的规划、人才的盘点、人才的补给和培养,以及人才投资回报评估构成,这也充分体现了计划、实施、检查、和处置的紧密结合。许峰提出,人才供应链强调人才管理面临未来商业世界的变化,因此管理方式应该更加敏捷,以业务需求为导向,学习精益生产的理念,做到人才的JIT(Just In Time)——提供无时差的人才供给策略,在具体的用人成本控制的基础上,让员工、技能、岗位高效匹配,实现类似一般企业管理中的供应链管理,并顺利形成与生产中的及时制相类似的人才需求与供应框架。那么这种供应链管理模式就是所谓的人才供应链管理,它能够在纷繁复杂的各类商业环境中,帮助企业去打破以往传统且趋于静态的各类人才管理思路,从而构建动态的且可以提供最大限度无时差供给新的人才的管理及运行模式。人才供应链管理更形象地体现出了人才管理与业务之间的紧密联系,它以实现企业的长、短期绩效为目标。

第二节　人才供应链风险

一、人才供给风险

(一) 人才质量风险

人才质量风险是指由于学校或其他培养机构向社会和各单位输出的人才质量不高,或者不稳定而给企业带来损失的风险。一个地区,层级较高的学校的分布、培训机构的数量影响着当地人才的培养质量。我国双一流大学多集中在东部沿海地区,北京得天独厚地拥有8所,经济中心上海拥有4所,而在北上沿线,天津、山东、安徽、江苏等有近10所优质高校,加起来已经过半。东南沿海地区还有浙江、福建等经济发达地区,同样也有浙大、厦大等名校,气候寒冷的东北地区和偏远的西北地区也有几所双一流高校,而像西藏、广西等偏远、相对落后的地区仅有一所211高校。国家重点高校培养出来的人才对于普通本科或者高职学生而言质量相对较高,而我国个别地区名校较少,教育较落后,无疑存在人才供应链供给人才的质量风险。

(二) 人才数量风险

一定的人才数量是社会经济良性发展的前提与基础,人才数量少意味着一个国家或者地区劳动力供给少,其他因素不变的情况下,人才短缺会严重制约经济的发展,影响人才供应链中人才的供给。人才的数量可以从现存数量与潜在数量来计量,一方面,人才数量风险体现在需求数量与现存人才数量的不匹配;另一方面,潜在的人才数量不足,如偏远落后地区的在校大学生数相比发达地区的在校大学生数要少很多,这也对人才供应链中的供给环节带来风险。

二、人才储备风险

(一) 人才安全库存风险

人才安全库存是指为防止像人才供应延期或者人才需求增加等不确定因素

发生,预设一定人才的库存数量用以保障组织的正常运转。人才安全库存是动态的库存,需定期进行更新。人才安全库存设定很复杂,无论是如何先进的方法、公式,在不同情况下也可能会变得没有作用,甚至起反作用,所以人才安全库存的设置需要丰富的经验。用人单位在从起步到迅速扩张的过程中面临着新战略领域的关键人才储备不足风险。大多组织会选择抓住眼前机会,在内部调人或者外部挖人拼凑一个团队顶上去。而实际上,这样的做法看起来解了燃眉之急,实则留下了无穷后患。这就需要做好人才库储备,过高会给组织造成负担,过低会因人才供应的不及时给组织带来困扰。高校人才储备、用人单位人才储备等都有人才安全库存的风险。

(二)人才盘点风险

所谓的人才盘点指针对供与需的关系对人才的现状清点与了解,以能够及时把控现状与需求匹配的程度,来帮助组织做相应决策与调整。这就需要用科学、合理的方法盘点现存人才素质与技能,并且根据盘点结果做针对性的培养与晋升。人才盘点存在一定的风险:①盘点的基础不牢,人才盘点的标准制定需要所有的管理者参与进来,尤其是基层的管理者,而现在一些管理者的意识比较淡薄;②过度依赖评测工具,不同的评测工具对同一项的释义不一样,不一定符合用人单位实际情况,很容易脱离组织现状;③人才盘点的结果未落实,将人才进行盘点后的结果应用是直面个人的,而有些并未落实。

人才的盘点没有合理进行和落实会对整个人才供应链带来风险。

第三节 人才供应链风险管理对策

一、供应链管理概述

(一)供应链管理

1. 供应链管理概念

1982年,供应链管理第一次由奥利弗(Oliver)和韦伯(Webber)提出,自此以后,许多学者们根据其所在的年代、地域以及社会发展状况,给出了不同的定义。桑德斯(Saunders)指出供应链管理是原材料从采购开始,经过加工、组装、配送等制造过程,最终产出成品送到消费者手中的交换链模式。西姆奇李维（Simchi-Levi）认为供应链管理是通过适当的管理方式协调整合供应商、制造商以及销售商，保证产品按时完好地配送给使用者，在整个管理过程中，要尽可能地降低运作成本。我国学者马世华给出的定义较为系统，在其2015年的著作中这样描述：从采购源头开始，以最低的成本，高效的操作手段实现企业内资金流、物流、信息流及工作流的高效运转，最终将合格产品准确及时地送到最终客户。

综合来看，供应链管理是利用一定的管理手段和方法对整个供应链上的供应商、制造商、配送商和销售商进行协调和控制，以保证产品在有效的时间内准确完好地送达最终客户。管理的中心应围绕最终产品，包括原材料的采购，中间产品的加工，成品的生产、仓储、配送和销售，以及相对应的售后服务等。在管理过程中，应保证供应链是不断增值的，从而降低供应链上企业的运作成本，提高生产效率，增加社会效益，以实现企业最大化的共赢为目标。

2. 供应链管理理论的发展

第一阶段：物流管理是供应链管理的重点。20世纪80年代以前，最初的供应链只是在组织内部运行，核心是通过研究物流管理来确保货物的交付时间，降低成本，提高效率。随着市场的开放，企业间的合作也不断增多，越来越多的企业开始将一些业务外包给更专业的供应商，企业开始注重与其他企业的交流与协调。这也促进了供应链管理范围从企业内部扩大到上游的供应商，重心也变成了如何促进企业与供应商的有效合作，提高运作效率。

第二阶段：从90年代开始，供应链被认为是一个价值增值的过程。随着市场竞争逐渐激烈，企业越来越关注消费者的需求，供应链管理在注重产品的同时也开始关注对客户的服务，供应链的管理范围逐步扩大。这个过程中，最基本的特征是各节点产品价值的增值，供应链也被认为是增值链。

第三阶段：90年代后期，供应链管理开始注重网链的功能。原来的单一的链状结构转变为由信息流、物流以及资金流构成的网链结构。这时供应链管理的核心逐渐变成通过管理和控制核心企业，整合供应链各个节点的物流、信息流以及资金流，以纵向管理来促进整体供应链的合作共赢。

第四阶段：21世纪之后，逐渐走向对供应链可持续发展的管理。由于供应链发展过程中对自然资源消耗较大，对生态环境的破坏性极强，因此专家们开始研究绿色供应链管理，引入了逆向物流。在可持续发展的指导下，从产品的最初设计开始，到原材料的选择、生产加工技术的创新，以及最后物流的配送和售后，充分考虑资源消耗和环境问题。

第八章 人才供应链管理

（二）供应链管理的构成

供应链实际上也是一种业务流程模型，它是指由原材料和零部件供应商、产品的制造商、分销商和零售商到最终用户的价值链组成，完成由顾客需求开始到提供给顾客所需要的产品与服务的整个过程。

从组织内部来看，供应链包括采购、制造、分销等部门，有时这一部分被称为内部供应链。

从组织外部来看，供应链包含了原材料供应商、制造商、销售商、最终用户，有时这一部分就被称为外部供应链（或外部价值链）。

供应链管理由采购与供应管理、生产运营管理、物流管理三部分构成。采购与供应管理又可分为采购管理和供应管理。采购管理是指为了达成生产或销售计划，从适当的供应商那里，在确保质量的前提下，在适当的时间，以适当的价格，购入适当数量的商品所采取的一系列管理活动；供应管理是为了保质、保量、经济、及时地供应生产经营所需要的各种物品，对采购、储存等一系列供应过程进行计划、组织和协调，以保证企业经营目标的实现。生产运营管理就是把生产部门所拥有的资源（包括人力资源、设备资源、物料资源、工艺资源、技术资源、章法的资源以及生产需求信息的资源）有效整合起来，变成一个高效的运营系统。物流管理是指在社会再生产过程中，根据物质资料实体流动的规律，应用管理的基本原理和科学方法，对物流活动进行计划、组织、指挥、协调、控制和监督，使各项物流活动实现最佳的协调与配合，以降低物流成本，提高物流效率和经济效益。

（三）供应链管理的理论

1. 库存管理理论

库存对供应链管理来讲是一把双刃剑。要保证供应链的正常运行就需要一定的库存，然而库存又是引起供应链问题的主要原因。适当合理的库存可以满足突然的需求增加，减少取消订单的情况，有利于企业外在形象的树立；但同时，库存的存在也确实消耗了企业的资金，占用了地理资源，甚至还会面临库存保管风险。

现在，学术界比较认同的是意大利经济学家巴雷特提出的二八法则，简单概括为20%左右的库存品种的金额应占库存总金额的80%，这就意味着库存管理的重点是那些数量少但资金占用较高的资源。

2. 牛鞭效应理论

牛鞭效应在供应链中普遍存在，简单概括来讲就是指需求信息从供应链后端向前端传递过程中被逐级放大的现象。举个简单例子，消费者对手机的需求增长了4%，那么手机制造商就会增加7%的产量来应对潜在的需求扩大，而作为手机的核心部件之一——锂电池的生产企业就可能会增加12%的产能来面对手机生产商对材料需求增加的要求，接下来对于供应锂电池正负极材料的各供应商来说，就需要增加超过14%的产量来应对这一需求。这给供应链带来了成本的增加、效率的降低，当需求破裂时，还会导致上下游企业彼此的信任度出现问题。

我们只能通过一些策略减少牛鞭效应带给供应链的负面影响，但无法完全解决。现简要总结几类重点方法：第一，充分传递消费者的需求信息，尽量减少信息不对称情况，只要控制住需求信息因预测而不断放大，就能在很大程度上减少牛鞭效应；第二，通过制定相对短的供货周期来减少安全库存，采用准时制生产方式，不断消除浪费，有效降低物流、采购成本；第三，避免人为原因导致终端消费者需求的波动，尽量减少采用不恰当的营销方式，如为提高销量采取限时促销的策略。

3. 成本管理理论

成本管理是指企业在生产过程中对各种成本进行成本规划、成本计算、成本控制和业绩评价等科学的管理活动。成本管理是供应链管理中的重要组成内容，也是现代企业管理发展的必要变革。供应链成本管理就是以成本为手段来管理整个供应链条，其中包括生产成本、库存成本、采购成本、运输成本、仓储成本、检验成本、质量成本以及管理成本等。

在实际运营中，会存在单个成本降低导致其他成本增加的情况，例如，企业的生产成本降低就意味着库存量会增加，因而库存成本以及仓储成本都会增加。因此，如何平衡各单项成本、降低总成本是目前成本管理的难点。

（四）供应链管理的优化

现代管理学之父彼得·德鲁克说过，未来的商业模式将不再是企业间的竞争，而是供应链间的竞争。这也暗示了企业也要不断地对供应链管理进行优化，否则无法适应激烈的市场竞争。可以看出来供应链管理在现代企业管理中变得越来越重要，对供应链管理的优化是企业持续发展、长期经营的重要手段。

目前，供应链管理优化理论主要指向三个大方面，分别是供应链资金流的优化、供应链信息流的优化以及供应链物流的优化。供应链资金流的优化主要指资金风险的识别、资金风险的处理应对策略。供应链信息流的优化包括信息库共建、信息库共享等。供应链物流的优化主要从降低物流成本、提高物流效率这两个方面进行。在这一基础上，要从成本管理、信息化建设、组织架构、供应商管理这四个方面进行优化。对成本管理进行优化能够解决资金流面临的问题，降低运营成本，提高运行效益。完善信息化建设可以提高对大数据环境下经济市场的适应度，抓住高速发展的机遇。改进组织架构时对资金流和信息流两方面的综合优化，既要求在内部完善管理体制，提高企业管理效率，削减不必要管理成本，提高信息化管理水平，又要求在外部改进响应适配机制，提升对信息的敏感度以及处理水平。对供应商管理的优化可以改进物流的运行机制，形成长期稳定互相信任的合作关系，提高物流的效率，使供应链效能最大程度得到发挥。

二、供应链风险管理概述

（一）供应链风险管理概念

美国学者小阿瑟威廉斯认为风险管理是通过对风险进行识别、评估和控制，尽量用最低的成本将风险带来的损失降低到最小的一种科学管理方法。但目前对于供应链风险管理的定义，并未形成统一的概念。供应链风险管理是指通过一定的管理方法对供应链上某一或多个节点企业造成不利影响的供应链内外部不确定因素或意外风险，进行识别、评估、预警与控制，尽量减少其对供应链系统稳定性和安全性的破坏，维持供应链的正常运作。

（二）供应链风险管理特征

第一，供应链风险管理具有全面性，一方面要保证风险的识别涵盖供应链所有环节；另一方面也要全面考虑企业所面临的各类风险。

第二，供应链风险管理是一个动态的过程，因为往往对一种风险的控制会引发另一种新风险，比如选择扩大企业库存这一方法就会增加库存风险，再如很多核心企业为了降低自身的库存风险，要求上游供应商准时准量交付产品，这样承受风险的就是上游企业。因此，供应链风险管理过程要动态化。

第三，有效的供应链风险管理应具有关联性。供应链风险管理系统是由信息系统、沟通系统、物流系统、资金系统以及决策系统等组成的，各子系统有很强的关联性，子系统的健康直接影响供应链风险管理的有效程度，任何一个子系统出现问题都有可能降低整个管理系统的预期效果。

(三) 供应链风险管理过程

供应链风险管理的过程主要包括风险识别、风险估计、风险评价、风险控制等。供应链风险结构复杂，因此在进行供应链风险管理时，首先要着眼全局，突破目前供应链管理过程中的局限性，从供应链整个结构下手进行控制；其次，当供应链风险出现时要快速做出反应，将风险带来的损失降至最低；最后，供应链风险管理应当纵观全局，贯穿整条供应链，涵盖上下游企业，在风险对抗过程中实现利润最大化。

(四) 供应链风险管理策略

1. 培养企业风险意识

供应链由很多复杂的个体企业组成，要想从根源上减少风险的发生，就要加强企业的风险意识，逐渐把风险管理变成企业文化的一部分，将风险管理变成日常管理。

2. 优化信息系统

建立供应链企业间的信息公开透明制度，及时发现并解决合作中存在的问题，尽量保证各企业间的平等合作，降低供应链的风险不确定性。

3. 供应链管理柔性化

供应链常常要面临自然灾害这类非可控因素的影响，这时候就需要企业间在合作过程中灵活调整，综合各种危机关系，保持供应链的有序运行。

4. 建立完善的供应链风险管理预警和处理机制

好的机制可以在很大程度上减少风险带来的实际损失。因此，企业要成立专门的部门来预测风险的发生、制定应急措施以及进行风险善后。

三、人才供应链管理的四大支柱

人才供应链管理的四大支柱包括动态短期的人才规划、灵活标准的人才盘点、无时差的人才补给、投资回报率最大化的人才培养。这四个主要活动，既构成有效循环，又相互依托、相互支撑。

(一) 动态短期的人才规划

动态短期的人才规划要求围绕企业战略，紧密连接内外部人才市场，动态更新用人标准，确保跟上快速变化的用人需求。对于人才需求的预测，往往短期预测更为准确。所以要让业务部门更深入地参与进来，避免人才规划成为纸上谈兵，并基于对风险的评估来选择人才供给策略。

（二）灵活标准的人才盘点

人才盘点是中国企业人才供应链中最薄弱的环节。它的本质核心在于利益的平衡，涉及盘点规划、盘点工具、评价方法、盘点对象、盘点后的调整等一系列人事决策问题。

（三）无时差的人才补给

绝对无时差的人才供给永远只存在于理想状态，任何人才管理方式都存在一定程度的"不匹配"，合理的目标是最大化降低"不匹配成本"。

（四）投资回报率最大化的人才培养

企业可以通过小批量、多批次的培养方式拉长人才使用周期，提升投资回报率；通过建立培养管理机制，最大化降低"培养失败率"。

四、人才供应链风险管理的对策

（一）提升人才供给和储备水平

1. 整体提升人才供给水平

人才是兴国之本，国家要对教育事业做全方位的支持，高校也应提升整体水平，在国家的领导下加快双一流大学的建设，提升我国人才质量。同时，提升我国偏远地区人民的教育意识，纠正"女子无才便是德和读书无用论"的认知，尽早普及我国的高等教育，对于目前家庭贫困无力继续上学的家庭建档立卡，有针对性地进行帮扶，提升高校的入学率、毕业率，从而减少人才质量风险、数量风险等。

2. 用人单位做好人才的储备

科学的人才储备对人才供应链的良性发展至关重要，用人单位要做好人才盘点和安全库存。首先，要全面评估调研用人单位的人才管理现状，可以从人才队伍的结构、管理和支撑体系等方面进行了解。其次，科学盘点用人单位人才的特质，做好单位人才数量、质量和效率的盘点。最后，要合理设计人才的规划体系，做好人才安全库存，设计人才供应链的库存管理体系，建立联合储

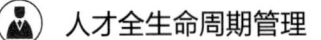

备和第三方储备的模式，完善单位后备人才储备的管理，以防"人才变质"。同时，设置用人单位人才供应链库存管理长效机制，降低人才安全库存风险，实现人才优化配置。

（二）加强对人才供应链建设的重视

1. 政府方面

政府应制定符合我国实际的政策，大力鼓励与支持"产学研一体化"，通过各种优惠政策来引导我国的科研人员、用人单位以及高校对我国人才供应链的开发与应用。同时，重视对用人单位信息的咨询，通过注入资金建设宏观层面人才供应链的信息系统，对我国人才供应链的管理打下良好基础。

2. 社会方面

现在我国的用人单位用的是传统人才管理模式，应该在整个社会大力倡导和宣传新型人才管理的模式。我国的专家学者应在现存人才供应链管理基础之上，进行更加深入的研究，并与用人单位加强合作，一道探讨我国人才供应链的发展前景。只有经过社会各方面的努力，我国人才供应链的管理才会取得更好的成果。

3. 高校方面

我国的高等院校是人才供应链风险管理的源头，应把用人单位以及社会的需求作为培养人才的基点，提高我国人才的质量，最大化满足社会以及用人单位对人才的需求，与用人单位对接好，顺利实现人才的对口就业。

（三）提高人才供应链环境风险应对能力

1. 经济方面

经济发达和基础设施完备地区，人才易受其优势经济环境吸引，因此，经济力量总体薄弱、基础设施较差的地区要努力提高本地区的经济发展水平，整体上提升本地区人均收入水平。若短时无法改变现状，在同行业薪资上也应参照发达地区的薪资水平，制定一个合理的薪资标准。

2. 社会方面

不同地区要尊重文化的差异性和多样性，要具有包容性，不能盲目排外，否则不利于人才的招揽。地方政府要采取措施缩小贫富差距，减少外地人才的流失，使其能在本地区生根发展，宏观上调控好人口的出生率。人才自身要能承受不同文化的冲击，善于调节与控制自身，能适应不同的文化。

3.政策方面

我国应研究更多的具有统领性、指导性的人才政策，各省市应在国家层面的指导下，结合本地区实际，制定科学合理的人才政策，尤其是要做好人才的引进。人才政策的制定要全面，不能只针对高学历人才，对于基层的劳动者也应照顾到，城市的基础设施服务水平的优劣离不开基层的劳动者。制定政策要考虑本地需求及服务质量，也要尊重市场规律，重点是更进一步地放宽条件，达到吸引人才的目的。

第九章　人才梯队建设

人才是现代企业的核心资源，是维持企业正常生产运营的基础保障，是有效应对市场复杂环境变化的决定性准备，人才梯队的建设对于企业的发展至关重要。本章分为人才梯队建设的主要内容、人才梯队建设的必要性两部分，主要内容包括：人才梯队建设概述、人才梯队资源库、关键岗位人才继任计划等。

第一节　人才梯队建设的主要内容

一、人才梯队建设概述

人才梯队建设是一种可操作性强的、科学合理的、系统化的企业人才发展方案，在实施这套方案之前，需要了解人才梯队建设的主要工作涵盖点。

（一）人才来源

充足的人才基数是人才梯队建设的源头，通常梯队人才来源于外部招聘和内部培养，以内部晋升提拔为主，外部吸引为辅。

（二）人才甄选

人才甄选是指通过岗位分析、人才测评、人才面试等方法，识别出能够胜任岗位的人才或后备人才。

（三）人才培养

人才培养主要是指对梯队内的后备人才进行系统的培训，利用科学的企业培训方法将其培养成为目标岗位人才的过程。人才培养是企业对人才的需求和员工职业发展二者的有机结合。

第九章　人才梯队建设

（四）人才评估

人才评估指的是利用科学的人才评估手段对参加后备人才培养项目的员工进行评估，测评其培训后是否达到岗位要求的知识和能力的过程。人才评估是为了验证培训是否有效，同时也可以选拔更加优秀的人才进入高一层的工作岗位。

（五）人才梯队保障机制

人才梯队项目要有效率地运转下去，需要公司制定保障机制，保障经费、保障人力等。

二、人才梯队资源库

（一）概念

根据企业关键岗位人才继任计划和相关岗位人才储备计划的需要，通过一定程序和相关方法取得继任候选人资格或储备人才资格的员工，形成了企业的人才梯队资源库；继任人及相关岗位的任用人将从人才梯队资源库中选拔。

（二）分类

1. 关键岗位人才梯队资源库

进入关键岗位人才梯队资源库的员工就是为担任某个关键岗位而准备的，所以在制订培养计划时，也是针对这个关键岗位的能力或素质要求而制订。

2. 岗位/层级人才梯队资源库

岗位/层级人才梯队资源库，即为某个岗位或者某个层级储备人才的资源库。在制订培养计划时，也是针对这个目标岗位/层级的能力或素质要求而制订。

三、关键岗位人才继任计划

（一）关键岗位人才继任计划概述

国内外研究学者对继任计划做了很多研究，主要集中在以下几个方面。

1. 继任计划的内涵

国外对继任计划的内涵研究较为丰富，早期的研究主要聚焦在企业高层管理岗位上。继任计划是发现并培育高潜人才，使之能够胜任企业高层管理岗位。高潜人才指企业认为具有胜任高层管理岗位潜力的人。

进入21世纪，随着企业的快速发展和逐渐多元化，对人才的需求也变得更加多元化，尤其是对技术人才的需求越来越大。研究者们对继任计划的研究从企业的高层管理岗位逐步扩展到范围更大的关键岗位，认为继任计划是组织在目前关键岗位的人员离开时为该关键岗位提供继任者的管理过程。

同时企业未来的人才需求同人才供给之间的供需平衡矛盾越来越突出。研究者对继任计划的研究也从关注当前到关注未来，认为继任计划与管理是一个确保关键岗位持续有稳定的胜任人员和关键人员在岗位稳定工作的过程，即通过对关键人员长期有效的识别、培育、发展、激励、保留并和战略匹配以确保组织、各业务单元、各部门能有持续良好的业绩的管理活动。继任计划是通过培养开发组织现有人员以应对将来业务需要，继任管理是指通过教练、辅导、反馈、咨询、交流等方式来培养未来人才的管理行为。

林泽炎在国内较早将继任计划研究视角定位在企业经营管理人才，认为经营管理人才继任计划是确定和培养潜在的继任人员以便为将来承担重要职位准备的管理行为。国内学者从高潜人才识别、培养以及保留等多方面进行继任计划内涵的研究，认为科学的继任计划应该是以系统化、流程化的体系识别和评价、培养和保留高潜人才，以此建立具有潜能的优秀人才后备队伍，进而建立优秀人才供应链，确保企业在有人才需求的时候，能够有人才供应到相应的岗位，确保企业正常运转。企业继任计划的定义是企业通过一系列的程序识别和持续挖掘关键岗位的高潜人才，并通过各种培养手段对这些高潜人才进行培育，为企业健康稳定的发展提供高效可靠人力资本保障的一项管理工程。汪静静也提出了相类似的观点，认为企业管理者继任计划是指企业通过对内部尤其是关键管理岗位上具有高业绩、高能力、高潜人才的识别与持续跟进，采用科学有效的培养开发手段使其能更快地胜任未来重要管理岗位的过程。

综上所述，我们将继任计划定义为：根据组织的战略需求，识别组织核心能力和内部的关键岗位，建立关键岗位的胜任力模型，在此基础上进行人才盘点，并进行高潜人才甄选、选拔、评价、培养、激励、保留，以满足组织战略对人才数量和质量上的要求。

2. 继任计划的内容

成功的继任计划内容主要包括以下几方面：首先是高潜人才的识别筛选；其次是培育开发高潜人才，达到相应岗位的胜任要求；最后是理解企业文化，与企业文化深度融合。

企业组织实施有效的继任计划的关键内容包括：继任要求确定，人才盘点，评价能力和需求，制订继任计划，制订开发行动计划，开发行动实施，必要时外部招募等。

博格等对继任计划体系的设计内容进行了归纳总结：第一步确定人才管理和继任计划的目标；第二步确定效果评估指标和现状等基线数据；第三步确定继任计划实施的范围，制定继任者和高潜人才标准和政策；第四步开发用于测评和跟踪管理继任者的工具；第五步制订沟通计划，进行沟通和发布，采取行动。

3. 继任计划的影响因素

继任计划的实施会受到许多因素的影响，包括：高潜人才能力素质、企业规模、管理层能力、管理层参与程度、培养方式等。

（二）关键岗位人才继任计划具体策略

1. 建立管理机构

企业必须有一个常设的高级别组织来推行和协调继任计划的相应工作，如成立一个人才回顾和继任计划委员会，总经理（负责人）、人事经理（常务委员）、副总经理、运营总监、质量总监、技术总监为常设委员，其他部门经理为非常设委员。人事部门提供一份角色分工说明便于承担各自的责任。总经理为委员会负责人，代表委员会为继任计划管理的第一责任人，负责继任计划工作资源的提供和重要问题的决策，确保继任计划的建立和有效实施；审批继任计划相应的制度、程序、标准，确保在任何战略决策中都会考虑到继任问题；主持公司级人才盘点和回顾会议，确保各部门管理者承担起人才识别、培养、开发、保留的责任。人事经理作为专家角色，负责整体继任计划工作的推进和协调，发起人才回顾和继任计划委员会会议，汇报继任计划工作进展和行动计划落实；组织年度人才盘点和人才回顾会议，制订继任计划相应配套的制度、程序；培训继任计划知识和工具的使用，确保各级管理者在继任计划工作上知道如何操作。其他管理层是各部门继任计划工作的第一负责人，识别、培养、保留关键岗位和高潜人才；参与讨论和制定关键岗位胜任力模型；参与关键岗位的人才盘点和评价会议，进行评价和集体评审；制订高潜人才的个人发展计划并跟进落实，提供岗位锻炼的机会，帮助高潜人才的成长。

2. 预测关键岗位需求空缺

为解决因关键岗位突然产生空缺，而无法选拔到合适继任人员的问题，需先对未来可能会出现的关键岗位空缺进行预测，预测后即可有针对性地选拔储备人才，评估其现状与拟任岗位的差距，再结合空缺岗位所需要的胜任素质培养储备人才。因此在关键岗位人才继任计划工作中首先要确定的是关键岗位空缺。

岗位空缺由两方面决定，一方面是管理岗位在岗人员流失（包含主动离职、系统内调动、退休等）产生岗位空缺，另一方面是因业务发展、经营扩张等原因产生新的岗位。

3. 构建关键岗位胜任力标准体系

根据人岗匹配理论，不同岗位对于候选人所需要的工作技能和胜任素质不同，通过岗位需求分析关键岗位工作内容，这是公司关键岗位与拟任职候选人实现人岗匹配的第一步，能否准确判定岗位所需要人才的特性直接决定了关键岗位人才继任计划的针对性和有效性。

（1）加强岗位需求分析

加强岗位需求分析首先要区分岗位，根据公司业务条线的分类对岗位进行类型划分，分析不同岗位所需要的知识、技能、性格要求。岗位分析对于关键岗位人才培训计划设计也有至关重要的参考作用。

（2）对人才进行有效划分

根据人岗匹配理论，在公司关键岗位人才继任计划的构建中，要明确每个关键岗位候选人的选拔标准，根据选拔标准在储备人才中选择符合要求的候选人进行评估、培养，当岗位出现空缺时，在拟任的几位候选人中评估最适合的人选完成就任。由此可见，关键岗位人才继任计划作为一项人力资本的经营活动，在储备人才就任关键岗位时，也需考虑到人才的类型和能力优势，将人才放在可以最大化发挥其优势的岗位上，更好地实现人岗匹配。

4. 完善候选人评估机制

在候选人选拔过程中，需要采用科学的方法，对候选人在过往工作岗位上的工作表现进行收集，将收集的信息进行定量或定性的判断，得出相应结论。同时通过对候选人全方位的评估，考虑不同岗位的工作性质，科学进行关键岗位人才任用，实现人员和岗位的匹配。

5. 优化储备人才培养体系

为了使培训课程更符合培训对象的需求，应设计储备人才培训需求调查问卷。公司在开展培训课程之前，应向拟受训的储备人才发放问卷并回收分析，根据调查结果，科学合理地安排培训内容。

在经过储备人才培训需求分析之后，人力资源部需要将收集的数据进行处理和分析，结合公司的财务成本、时间成本、人力成本，最大限度地将储备人才需求和岗位需求统一。对于通用类课程，可以采用统一授课的方式进行培训，对于专业类课程，则可以通过交叉培训、小班培训的方式提高培训效率。

（1）通用类课程

选取管理基础知识和基本技能的培训课程，可以提高储备人才的管理能力和领导力素质，丰富其思想，开拓其视野。通过邀请外部讲师或公司领导分享，将公司文化与培训内容有机地结合起来，可以帮助储备人才进行思维的转变，从一个关键岗位储备人才逐步成长为公司的中流砥柱，提高其责任感、使命感与自我认同感。

（2）专业类课程

关键岗位储备人才的专业类课程包括专业知识、本岗位的技能学习、其他条线知识学习。专业分类培训能够帮助后备人才更深层次地了解业务相关专业，帮助其在随后的轮岗工作中提高适应力，培养储备人才的全局观和统筹思维。对于专业类课程，按照人岗匹配理论，不同岗位所需要的人才素质不同，因此为了最大提升培训的针对性和有效性，建议公司对专业类课程进行再设计，可以根据公司岗位分析和关键岗位储备人才素质分析的结果，结合储备人才主观提出的意向内容，最大程度地进行差异化培训。例如，前线岗位需要积极乐观的工作态度和外向的性格，应该多安排一些团体技能提升的课程；中线管理岗位人才对于行政类、事务性工作要求较高，可以按照储备人才意愿，安排一些公文写作或者行政辅导的课程；后台支持岗位需要严格谨慎的工作态度和较强的数据统计能力，可以安排办公软件培训等课程。

虽然课程差异化会增加公司内部培训的时间成本和人力成本，但是从短期来看，因材施教、因人而异的差异化培训课程，能够迅速提升关键岗位储备人才在岗所需的关键技能，而从长期来看，也能通过培养不同类型的储备人才为公司不同岗位筛选合适的人员就任，增加关键岗位人才储备的数量。

（3）培训时间

培训时间通常以1~2天为宜，通过高强度的短期集中培训，帮助储备人才快速学习岗位所需或者自身所需的技能，由于匹配了需求分析，根据激励理论，储备人才更倾向于学习自己感兴趣的知识，可以提高学习效率，快速成长。长周期的培训一方面会影响现有工作节奏，导致工作任务堆积，另一方面也不利于快速学习掌握。对于培训时间的安排，公司人力资源部应该结合公司当前的工作节奏，尽可能选择工作日进行。

6. 强化候选人就任的保障机制

关键岗位人才继任计划在实施中可能面临各种现实问题，为了保障上述计划能够顺利实施，并对关键岗位储备人才就任后的留存率和绩效表现进行优化，就必须有相应的保障机制来支撑。

(1) 增强文化建设

公司在长期发展中会形成自己的企业文化，企业文化体现了公司的发展信念、价值观以及发展历史。良好的企业文化能够加强关键岗位人才的归属感和责任感，激励关键岗位人才更好地为公司服务，促进公司健康发展。

第一点，持续强化企业文化认同感。对关键岗位人才来说，企业文化建设就是增强关键岗位人才的参与感和积极性的过程，在实践中，企业文化不仅需要与企业的战略目标相结合，公司也需要根据自身的发展状况，动态调整企业文化，如在关键岗位人才的工作绩效中，加入关键岗位人才之间的互评或者公司管理层对关键岗位人才的评价等，将关键岗位人才的绩效结果与企业文化挂钩，能更有效地通过文化建设激励关键岗位人才提升工作意愿。

第二点，注重关键岗位人才的引导激励。企业在满足关键岗位人才物质需求后，应该在精神上引导和激励关键岗位人才，充分发挥关键岗位人才的主观能动性，帮助其形成归属感，激发其潜在工作意愿，从而实现自我价值。

(2) 强化组织建设

首先是建设领导团队。公司领导是公司员工行为的榜样和标杆，因此公司关键岗位人才队伍的建设和培养也与公司领导团队的整体素质和风格息息相关，这就要求公司领导在日常工作过程中起到带头和表率的作用，以身作则。此外，领导团队作为公司高层，对于公司的战略发展目标和长远发展方向具有较高的理解，因此领导团队也应该常常深入关键岗位人才群体中，宣导公司新的战略导向和业务方向。建议公司每月举办领导访谈日，为公司关键岗位人才提供直接与公司高层对话的机会，打破职级壁垒，一方面能够帮助领导了解关键岗位人才的工作状况，另一方面也能通过公司领导的言传身教，增加公司关键岗位人才的心理安全感，提供工作的积极性，增强企业文化建设。

其次是加强统筹指导。人力资源部是所有继任计划工作中的牵头部门，应该对岗位人才继任计划的实质进行指导、统筹和协调。人力资源部应该进一步完善公司内各个部门的具体职能，具体到每个部门每个岗位的具体职能，岗位职能的明确有助于人力资源部在培训关键岗位人才时，更好地进行"人岗匹配"，同时在对内对外招聘时，也能提供更加具体的岗位说明书，对于岗位的理解也有助于帮助公司建立科学合理的薪酬计划；人力资源部应该持续对公司内各个部门进行宣导，提示部门经理在平时工作中注意挖掘和储备优秀人才，解决公司关键岗位人才储备较少的问题，并且协助各个部门进行轮岗培养和考察工作，确保继任计划得到公司各个部门的认可和配合；人力资源部应将每次培养的数据进行留档并定期考察关键岗位储备人才的日常工作表现，建立完善的公司人才库计划，将公司人才分类型、分层次，确保在遇到公司关键岗位空缺的时候，能够及时补充人员；人力资源部应该定期举办关键岗位人才工作会议，向公司全体汇报目前人才的储备情况以及未来的人才培养计划，部署人才培养工作，总结、交流和分享人才管理的经验，提高公司人才管理的质量。

最后是建立激励制度。关键岗位人才主观能动性的高低直接决定了其是否有晋升和发展的意愿。如何有效激励关键岗位人才的晋升意愿，调动其主观能动性也是公司建立关键岗位人才继任计划的重要课题之一。公司应该建立科学的激励制度，充分发挥激励的作用。激励制度应与关键岗位人才日常工作的绩效挂钩。激励制度需要体现公平性，对相同岗位不同产出的关键岗位人才应该给予不同程度的激励，如薪酬调整、职级调整、更多的晋升和学习机会等。体现产出的最直接量化手段就是绩效完成情况，因此建立激励制度的前提是将激励制度与工作绩效挂钩，要对不同岗位进行评估和量化，并制定差异化的薪酬水平，高强度、高责任的工作岗位给予高工资水平，一方面可以激励关键岗位人才的工作动力和投入度，另一方面也能增加同业之间的薪酬竞争力。

第二节 人才梯队建设的必要性

一、保持企业结构的稳定性

企业内部会因为员工的晋升、转调或者入职、离职等原因保持着一定的人员流动，这可以满足业务变化对人才的需求，如果员工出现流动，则会产生岗位空缺，而岗位长久空缺会影响企业的发展，所以企业要对后备人才进行管理，在关键时刻能够及时补全岗位空缺，保持企业结构的稳定性。

二、降低成本

人才流失后，企业大多会选择最快的方式进行人才补充，那就是外部招聘，但是外部招聘往往会消耗过多的人力、财力，不仅体现在招聘实施成本上，外部人才的平均薪酬和福利待遇通常也较高，所以对于企业来说外部招聘的人力资源成本较高。因此,若有内部培养的梯队人才可以及时补上,不仅可以快速适应岗位,而且降低了很多人力资源成本。所以,人才梯队的建设将是补充人才的有力保障,同时也可以削减人力成本支出。

三、增强核心竞争力

核心竞争力是在组织内部经过整合的知识和技能,是企业在经营过程中形成的不易被竞争对手效仿的能带来超额利润的独特的能力。人才是知识与技能的载体,所以保持人才队伍的稳定性就是保持企业核心竞争力的重要支撑。因此,人才梯队建设工作对增强企业核心竞争力,非常有必要性。

第十章　后备干部管理

当前，企业之间的竞争变得日益激烈，企业的竞争本质上属于人才之间的竞争，人力资源是企业发展的必备资源，在企业进行战略调整、市场变化的情境下，后备干部储备的预见性显得更加重要。本章分为干部的含义与后备干部管理策略、后备干部的能力模型、后备干部管理的评价方式三部分，主要内容包括：干部的含义、后备干部管理策略等。

第一节　干部的含义与后备干部管理策略

一、干部的含义

"干部"一词，一些人可能主观上认为是国家党政机关正式工作人员。中国共产党第二次全国代表大会制定的党章中，首次提出"干部"这一名词。此后，在中国共产党和国家机关、军队、人民团体、科学、文化等部门和企事业单位中担任一定公职的人员都称为"干部"。

二、后备干部管理策略

（一）健全后备干部考核评价机制

人力资源部门应根据后备干部的成长要求制定出完善的绩效考核体系，让没有能力、德不配位的人尽快让贤，让更多能力强的人脱颖而出，走上工作岗位。对此可以推行竞争考评制度，针对后备干部制定阶段性考评机制，根据绩效考核结果来实施动态化的管理模式，让学习态度不佳、无法满足后备干部要求的人退出后备干部队伍，利用公平、科学的进出制度来确保后备干部队伍的动态平衡，实现人才的优化配置。对于业务能力强、政治素养扎实的后备干部，除了要继续安排其参加学习外，还要将其安排至多个岗位进行轮岗锻炼，不断提高后备干部队伍的各项能力，通过安排各类实用性、挑战性的工作岗位，为后备干部提供更多的工作机会，帮助其丰富经验、拓宽视野，提高他们的问题解决能力与综合业务素质。

在日常管理中，企业要主动创新，解决后备干部人员选择难、培训难、锻炼难的问题，通过科学的测评方式保证后备干部队伍体系建设的科学和有效。

企业在加强后备干部管理工作的过程中，采取绩效考核与薪酬分配相结合的模式，强调导向性和竞争性，能全面提升后备干部的工作积极性，激发他们的工作活力。企业要改进绩效考核机制需要结合现代化企业管理模式，进一步明确后备干部岗位职责，制定科学、多维的绩效考核方法，将后备干部的综合素质、工作效率、工作质量等纳入考核范围内，进一步提高后备干部工作考核的客观性和公正性。同时，企业要建立绩效考核反馈机制，对考核中存在的问题进行总结、分析，找出工作的不足之处并加以改进，加强对绩效考核效果的应用。企业在改进薪酬分配机制时，要重视对绩效考核结果的运用，根据绩效考核指标制订科学的薪酬分配计划和方案，充分调动后备干部的主观能动性，实现对后备干部的激励，从而提高企业核心竞争力。

（二）加强后备干部队伍建设

1. 建设后备干部梯队

企业应该针对不同的工作岗位，分别制订合理的后备干部培养计划。不光要进行内部培养，也要注重外派培训、工作交流等多种多样的培训方式，重视理论知识与实际经验的结合，为企业挖掘更多年轻有为、潜力无限的后备干部。同时也要构建后备干部体系，加强后备干部梯队建设，保证后备干部队伍的延续。

2. 打造复合型后备干部队伍

企业要健全内部后备干部流动机制，有意识地实行岗位轮换，进行跨部门、跨专业、跨职能交流。这不仅有利于后备干部综合素质和专业技能的提高，能最大限度发现后备干部优势，还有利于企业内部技术传播，打造出有专业背景的复合型后备干部队伍，为企业发展战略实施提供人才保障。

（三）构建完善的后备干部管理体系

在时代的发展与进步下，企业在发展上也要做到与时俱进，针对人才的改革，则需要抓好后备干部管理体系建设。优秀的后备干部有较强的奋斗精神、丰富的工作经验，能够弥补现有干部队伍的不足，从而让企业与时代发展保持契合，促进企业的持久、稳步、健康发展。构建完善的后备干部管理体系，能够为整个干部队伍融入活力、创新、科技元素，使之成为企业发展的中坚力量，为企业改革提供源源不断的人才支持。当前，一些企业在中层管理人员后备干部的管理上还存在一些问题：第一，后备干部选拔和管理机制不完善，尚未根据自身情况构建科学、有效的管理体系，缺乏特色，未实现企业文化、后备干部管理工作的有机结合，特别是在后备干部培育上，制度往往流于形式，未形成涵盖选拔、培养、任用在内的完整体系；第二，人才管理模式不科学，没有对后备干部人才队伍需求进行细化分析，后备干部队伍建设必须基于企业的关键工作业务要求、发展战略、现有人才队伍来明确类型、数量和层次，而一些企业在这一方面还存在问题；第三，选拔上存在论资排辈的问题，在中层管理人员后备干部的选拔上，论资排辈、平衡照顾问题也屡见不鲜，在提拔干部时，往往会倾向于资历较老的干部，少数领导干部担心先提拔年轻干部会影响老同志的积极性，这些思想的存在严重影响后备干部的选拔质量；第四，培养模式单一，在后备干部的培养上模式单一，培训一般采用会议、讨论、课堂讲授的形式，未能满足不同岗位、层次、专业干部的需求。针对目前一些企业存在的问题，下面介绍构建完善的后备干部管理体系的有效措施。

1. 从源头筛选后备干部人才

在企业的发展改革上，后备干部人才的作用不言而喻，他们能够为企业带来希望、朝气，助力企业的战略发展与转型。而要达到这一目标，必须确保后备干部专业、优秀，具有较高的综合素质。对此，需要把好源头关，做好后备干部的选拔工作。针对后备干部来源，不需要做出太严苛的限制，不管是普通员工还是优秀应届毕业生，只要有能力、有决心，愿意为企业的发展做出贡献，都可以纳为后备干部队伍的选拔对象；而在人才选拔上，要严格对待，制定严格的准入条件，全盘考察人才各项能力，在众多人才中选择与企业战略相符的佼佼者，让每一名后备干部都能够有用武之地。同时，还要制定出明确、公开的标准，确保选拔流程的科学、透明，杜绝选拔环节的腐败问题，避免"论资排辈"问题，做到透明、公开，确保选出的后备干部是综合素质过硬的人才。

2. 完善后备干部培训体系

（1）强化素质能力培养

后备干部所需的素质能力是其未来成为领导干部具备的综合能力，除了要做好本职工作外，还要具备良好的团队合作能力、沟通协调能力、创新能力和资源利用能力。而上述内容均可以量化，直接影响后备干部能否成才。在素质能力的培养上，需要关注后备干部的工作表现和工作需求，根据每一个后备干部的特点为其安排发展方向，制订适合不同岗位后备干部的培训和锻炼计划。

（2）完善培训课程内容

企业传统后备干部培训课程相对零散，在课程选择、课程培训形式上都存在各类问题，其原因多种多样。而后备干部的发展方向各有差异，加之部门分散，很难做到集中办班。针对现有问题，需要制定出有计划、有针对性的培训体系。在培训课程上，要明确后备干部职业生涯目标，根据后备干部的个人愿景、自身特点以及企业的人才战略进行科学培养，将内容划分为"应知"和"应会"两个部分，应知内容由企业职能部门负责人来授课，应会部分则邀请社会师资力量参与。

（3）采用科学的培训方式

在培训方式上，可采用委托外部培训、公司内训、项目培训、远程培训相结合的方式。在委托外部培训上，由有资质的专业培训机构负责，针对后备干部的成长制订在职培训计划，包括管理课程、专业课程、在职MBA（工商管理硕士）课程，提高后备干部的综合能力；在公司内训上，由企业人力资源部门负责，在企业内部筛选内训师，将部门经理、专职教师、管理人员、技术能手纳入其中，为后备干部提供一对多培训，提高其业务技能、思想道德水平，做好思想教育引导工作；在项目培训上，吸纳优秀师资力量，与企业实际情况对比，找出其中的差距和不足，借助工余时间来举办学习班，组织后备干部集中学习；在远程培训上，发挥出微信群、公司网站、党务网、企业办公平台的作用，举办线上专业讲座、技术培训活动，定期了解后备干部的反馈信息，由人力资源部门根据反馈内容来完善培训内容。

除此之外，企业要对后备干部进行档案管理，对后备干部的考核结果、岗位变动、培训进修、廉洁自律情况进行动态归档，形成档案。随时把握好后备干部的工作、学习情况与思想变化，进行科学预测，做到选拔、任用、考核以及管理上的一体化，真正发挥出后备干部的作用和价值。

第二节　后备干部的能力模型

一、政治修养的示范者

身为一个企业的后备干部，在工作和生活中要做政治修养的示范者，做到追求卓越、公平公正，有自控能力。

（一）追求卓越

在日常的工作中，要敢于承担责任并不断进取，突破原有的水平。这不仅需要在主观愿望上有不断追求高标准的自我期许，而且要在具体行动上有对存在问题的主动发现、思考的能力以及解决问题的能力，并且能形成持续改进的局面。与此同时，要对远期目标的前瞻性进行考虑与规划。

（二）公平公正

在日常工作和管理决策中要保持客观立场，重视、建立、完善规则。秉持理性处理问题的能力素质，是对个人公信力的反映。首先，体现在出发点上，以公众群体利益为先而不是以自己或单方面利益群体为先；其次，在工作中重视并尊重规则（这些规则直接体现了公众群体利益，甚至这些规则是在公众群体各方代表参与下制定的），按规则处理问题；再次，能够根据实际情况的动态发展补足和完善规则；最后，对于规则不明确的事情，按符合企业价值导向的原则处理。

（三）自控能力

自控即控制自己的非理性冲动，保持理性稳定状态。该素质要求后备干部要做到三个方面：一是在特定压力（如突发状况，面对他人的反对、敌意、挑衅等情况）下控制情感冲动，避免情绪失控与负面言行；二是在持续压力下保持耐心、平和、毅力与韧性；三是为了某个终极目标的实现，在过程中抑制与目标不符的自我欲望。

二、睿智的思考者

想要在工作中做一个睿智的思考者，首先，需要的是有聚焦目标思考问题的意识，从而形成从目标倒推式解决问题的思维方式；其次，要能够围绕目标将复杂问题层层拆解为简单问题；再次，对其中不易协调统一目标的问题有创新式的解决办法；最后，看问题有全局观，掌握好处理问题的合适时机并把握好整体推进的节奏。

（一）归纳思维

归纳思维是指将零散的信息整合为整体，把握问题的关键，化繁为简，能够帮助个人认识到事物之间的共同特征和内在相似点，即在面对复杂的问题或现象时，能够发现和掌握关键所在。具体表现为：运用结构化、概念化，甚至创造性的思维模式，如由具体到抽象、由部分到整体的提纲挈领式看待和解决问；做到可以洞察本质，即当现象掩盖本质时，能够拨开事物纷繁复杂的表面烟云，透过现象看本质。

（二）学习领悟

这一点是指在工作过程中保持开放学习的心态，不断进取，勤于思考，拓宽自己的视野，丰富阅历经验，提高自身的业务水平；求知好学和善于转化应用，并在发展到高阶阶段之后形成个人理解并掌握事物运行规律；在各类非专业领域（生活、休闲、其他领域等）中触类旁通，悟通专业领域的关键问题；对自己专业领域内的知识能融会贯通，站在制高点上能把握住快速解决问题的关键与诀窍；持续聚焦思考业务领域中存在已久的重大问题或疑难杂症，产生偶发感悟或灵感闪现。

（三）策略思考

后备干部需要具有一种为达成目标或解决问题快速形成设计思路、实现路径和具体方法的能力素质。这就要求后备干部能够掌握所需解决问题涉及的各种信息，熟悉信息间的关系；思考问题的方式能够呈现从目标成果到手头资源的思路；能够看出解决问题的枢纽要害，用事半功倍的方式达成效果；对不易达成共识的问题，能够求同存异，找出利益共同点；能够理顺各种问题矛盾交织的关系，形成顺畅的实现路径。

三、团队的凝聚者

团队凝聚力不仅是维持团队存在的必要条件，而且对团队潜能的发挥有很重要的作用。如果一个团队不具备凝聚力，就无法完成组织赋予的任务，本身也就失去了存在的必要。作为企业的后备干部，就要打造团队的凝聚力，对内要有提升和培养人才的能力，尽可能加强团队合作，对外加强联系合作和相互支撑配合，具体体现在人才培养、团队领导、合作共赢三项指标。

（一）人才培养

这一指标是指，后备干部在自身不断进取的同时，也帮助自己的下级进步，给他们一定的锻炼机会，以取得共同进步的效果，也为企业培养了人才。

在这种意愿的驱使下，主动为下级提供工作指导与发展机会，帮助下级形成工作或事业成功所需要的必备素质。

（二）团队领导

首先，在个人布置安排工作方面要清晰、有序、得当，对复杂事项能进行合理妥善的分工；其次，为团队提供或争取必要的工作资源，保障团队在资源条件上充沛有力；再次，通过加强实战训练提高团队战斗力；最后，善于激励团队，在团队对目标实现缺乏信心时，为团队树立共同为之奋斗的目标与愿景。

（三）合作共赢

在共同发展目标及利益下，构建共赢局面。首先，与他人开展合作，关注周边或他人的需要，将自己所要实现的目标与他人的需要联系或绑定起来；其次，能够进行换位思考与感受，体会他人在工作中的不便与难处，为自己与他人合作备好互补交换的资源；再次，想办法去排除合作中可能产生的各种障碍；最后，对于利益格局复杂的情况，能够构建好各方共赢的利益局面。

四、高效的执行者

现代企业管理强调重在执行、赢在执行。公司在发展过程中战略与决策固然重要，但只有执行力才能使其体现出实质的价值；只有通过执行才能有效地联系和整合，把方针、目标、政策、措施不折不扣地落实到具体工作中，这是企业在日益激烈的竞争中取胜的根本保证。所以，后备干部着力于强化执行、打造高效执行力不但是必要的，而且是必须要做的。其中计划统筹、过程管控、沟通影响是衡量后备干部执行力的重要指标。

（一）计划统筹

对复杂工作进行预先计划，统筹协调资源，做出具体计划安排。首先，为实现目标，对工作开展要有具体的安排举措；其次，在安排过程中考虑问题要全面周到；再次，平衡统筹多项齐头并进的工作，除了对手头资源要进行优化配置外，还需要进一步挖掘手头资源，创造资源再投入使用，同时掌握好各种资源投入的节奏和优先顺序，使之产生围绕同一目标聚焦资源的清晰的实现路径效果；最后，能预计未来产生的实际困难，做好应对预案。

（二）过程管控

关注事情的进展，洞察潜在问题，及时纠偏。首先，要重视、明确并制定出对绩效及成果的量化评价标准；其次，高度关注事情的进展和发展趋势；再次，一旦出现偏差，及时纠偏并管控进度；最后，对个人表现有明确的奖惩办法，奖罚应及时到位。

（三）沟通影响

增进理解互信，引导他人接受自己的观点并与之达成共识。首先，在沟通的主动性上，勤于与各方沟通；其次，在沟通的科学性上，能够摆事实、讲道理；再次，在沟通的艺术性上，能够针对对方的心理施加影响；最后，用力对象上，从沟通对象本身转移到其身边的资源，善于借力和造势。

第三节　后备干部管理的评价方式

一、工作能力评价

对后备干部的工作能力评价通过以下几个方面完成：组织协调能力、决策和分析判断能力、管理和专业知识、创新能力和人际关系能力。

二、培训效果评价

为了有效地监督和控制培训活动，确保培训工作能够达到预期的效果，有必要对培训效果进行评价。培训效果的评价可分为三个层次。

一级评价主要是进行满意度问卷调查，这一调查面对所有参加培训的学员，需要在培训结束后立即发放调查问卷，并于5个工作日内完成所有后续总结工作，包括问卷收回后对学员满意度的分析、分析结果的反馈以及向人力资源部报送结果。具体流程如图10-1所示。

第十章　后备干部管理

```
发放调查问卷
    ↓
  学员填写
    ↓
 结果统计分析
    ↓
   反馈
    ↓
 报送人力资源部
```

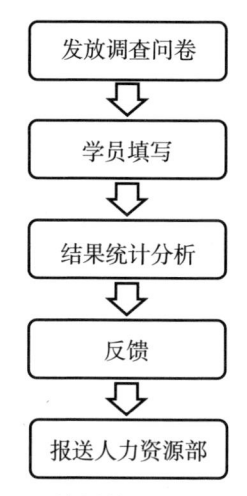

图 10-1　培训效果一级评价流程

二级评价主要内容是全体学员的考试或实务操作考评。这一考评主要是通过培训主管组织学员进行考试或实务操作考核，要求在培训结束后立即进行，并在得出考评结果后 5 个工作日内完成后续工作，包括对考评结果的分析、向培训单位的反馈以及向人力资源部的报送工作。同时，二级评价还包括要求外出培养的学员在返回单位后向人力资源部提交个人培养总结报告。

三级评价主要是针对学员培训结束返回工作岗位之后的各方面改善情况，一般在培训结束一个月后进行，主要通过抽查的方式对参加培训的人员从工作行为、工作能力以及绩效等方面进行评价。

第十一章　高潜人才识别

高潜人才对于组织战略发展、优化与建设至关重要，高潜人才的识别是继任发展计划中重要的一环，也是决定人才储备质量的重要因素。本章分为高潜人才概述、高潜人才识别体系两部分，主要内容包括：高潜人才的概念及内涵、高潜人才的特征、高潜人才的作用、高潜人才识别体系概述、高潜人才识别体系构建等。

第一节　高潜人才概述

一、高潜人才的概念及内涵

杨敬东将人才划分为显人才和潜人才，提出了"潜人才"的概念，认为潜在人才是才华横溢的或有才华的，但他们还没有得到社会的认可，尚在成才的过程中，并在其著作《潜人才学》中，按照潜人才被社会埋没的方式和程度，划分了三种类型的潜人才：怀才不遇型、奋斗而未果型和初始萌芽型。

忠海在关于潜人才的文章中沿用了杨敬东的概念，并将"成才"界定为取得初步成果或正在取得创造性成果。

曹百胜等在关于影响潜人才脱颖而出的因素和对策研究中指出，潜人才具备承担创造性工作的能力和素质，有为社会做出贡献的潜力，但由于主观或客观的因素以及缺乏外部机遇而尚未做出贡献、脱颖而出。

周国平等在研究欧洲五国不同文化背景下对高潜人才的管理时，建议根据严格的程序从现有员工群体之中选拔高潜人才，对于选拔出来的高潜人才要给予一定的考察期和有计划的培训，以促进其继续成长，对高潜人才的培养方向是公司未来的领导人。欧洲公司更加关注高潜人才的学术背景，一般通过到各大知名院校选拔新毕业生的方式引进高潜人才,很多公司也会出资将高潜人才送到著名大学或商学院继续深造。

仝志敏在其文章中对高潜人才的界定是有潜力的、水平高的管理者,而且未来职业发展目标是公司最高层的管理职位,同时认为高潜人才应具备忠诚、领悟性和敏感性等人格特质,以及技术过硬、统筹协调和灵活应变等能力水平。

刘丽在研究隐性人力资本的论文中指出高潜人才的两个特点是相对性和增长性,高潜人才首先应具备较高的理论水平和素质,已经取得阶段性成果,并且具备较好的学习力和创造力,朝着更高的目标和发展阶段迈进。

程瑶对不同层级高潜人才的潜能评估标准进行了研究和模型构建,提出领导意愿、学习灵敏性、策略机敏性和情感成熟度等四个方面是所有层级均需包含的评估标准,并且强调高潜人才不等于现阶段的高绩效人才,而是未来能在领导力通道和管理角色上产生高绩效的人才。

安妮·卡明斯(Anne Cummings)认为高潜员工是具备创造性潜力,能为公司的产品、服务和流程做出创造性或改进性贡献的员工。要确保员工做出创造性的贡献,首先在人才甄选阶段就要录用有创造性潜力的员工,同时公司要打造能够激发员工创造性潜力的环境。

斯蒂文·舒马赫(Steve Schumacher)在文章中指出高潜员工与高绩效员工是有差异的,所有的高潜员工都是高绩效员工,但许多高绩效员工并不是高潜员工。高潜员工会持续创造杰出的工作成果,他们是公司价值观的楷模,有可预见的晋升发展潜力,并具备承担更大责任的驱动力。

马雷克·瑞布塔克(Marek Rebetak)在如何管理高潜人才的研究中认为所谓的高潜人才是拥有杰出技能、能够胜任公司未来关键岗位的员工,并指出对高潜人才的识别不是看其过往的工作业绩,而是对其未来潜在贡献的评估。

综合以上观点可以看到,高潜人才是当前已经具备较高的理论知识水平、学习能力和专业技能,未来有持续创造高绩效的潜力和晋升至中高层管理职位潜力的员工。高潜人才与核心人才、高绩效人才是三个相互联系又有所区别的概念。首先,高潜人才强调的是人才在未来创造价值的发展潜力,核心人才着眼于人才在企业中所处的位置和所发挥的作用,高绩效人才指的是在过去和当前阶段保持优秀绩效结果的人才。其次,组织当前的核心人才和高绩效人才是由曾经的高潜人才成长而来,也就是说,高潜人才的潜力经过组织赋能和激活之后在工作中得到发挥与施展,从而可以创造高绩效并承担核心岗位的工作。

二、高潜人才的特征

高潜人才与一般人才有不同的特征，具体表现在如下几个方面。

①践行抱负。相对于一般人才，高潜人才在工作中敢于接受挑战，勇于担当，对自己的职业发展空间有更加广阔的追求，同时高潜人才在工作中还能主动承担责任，愿意花费更多的时间和精力来工作，追求更加卓越的工作，更加渴望自己在工作中的成功，是高绩效劳动者。

②敏锐学习。高潜人才具有非常强的学习能力，保有一颗好奇心，通过不断学习，增长自己的技能，在工作中能总结知识和经验，应用于自己的工作中；高潜人才还有创新思维和创新意识，并使自己的这些想法付诸行动，为组织创造价值的基础上实现自己的人生价值。

③人际通达。高潜人才能够敏锐地洞察公司和其他人员的需求，根据这些需求采取相应的措施激发潜能，用自己的实际行动影响他人，同时也能够随时调整自己的状态以适应公司的发展要求，和他人融洽相处。

④跨界思考。高潜人才有着一般人才没有的思维方式，他们能够多角度、多领域、多方位进行思考，从根本上解决问题；同时高潜人才还能不断跳出职业舒适区，跨出界线寻求新的解决方法。

三、高潜人才的作用

（一）达成高绩效的不竭动力

个人绩效是组织绩效的前提和基础，个人在态度、能力、知识、技能等方面的差异是影响个人绩效的主要因素。高潜人才具备较高的理论知识水平、学习能力和专业技能，在成长发展过程中不断转化为组织的高绩效人才，为组织不断创造高绩效提供了源源不断的动力。

（二）不断创新的活力之源

创新是组织生存和发展的必要前提。在知识经济时代，只有灵活应对市场变化，不断调整产品结构，提高技术水平和管理效率，才有可能在激烈的竞争中立于不败之地。而高潜人才具备创造性潜力，能为产品、服务和流程的不断改进与创新做出创造性贡献，通过开拓创新获得竞争优势的活力之源。

（三）管理水平的核心推动力

管理水平体现在计划、组织、领导、控制和创新等五个管理职能的方方面面，是实现效率和效果两个目标的基本保障。在传统组织中，管理者是管理水平的载体，而在新型组织中人人都可以发挥管理作用。因此，高潜人才对于组织管理水平的意义不仅在于将来晋升至中高层管理职位时推动管理水平提升，而且在走上管理职位之前也可以凭借其自身优秀的理论水平、学习力和创造力等特质推动组织管理水平的提升。

第二节　高潜人才识别体系

一、高潜人才识别体系概述

（一）高潜人才识别体系的内涵

高潜人才识别是企业基于战略规划和人力资源规划的要求，根据企业自身的实际情况建立一套人才能力素质模型，制定一定的条件和标准，进行结构化行为面试和能力素质测评，释放企业人才红利目标，通过各种渠道对高潜人才进行识别、选拔、应用的全过程。传统的人才识别考察的是人员的当前状态、工作绩效，根据人员的以往工作表现考察被识别人才是否具有现任岗位所需要的知识结构、工作技能和经验，忽视了对人才未来潜力的预判。

根据高潜人才识别的过程，借鉴传统人才识别的经验，高潜人才识别体系既要对被识别人才既有的工作绩效进行考评，也要对其工作技能进行考评，在考评过程中还要对被识别人才的潜力进行考量，考评被识别人才是否具备组织未来发展的需求素质。因此高潜人才识别体系将企业发展战略、发展目标和高潜人才的潜能有机联系在一起，将定义人才和评估人才有机联结起来，这样在保证精准选拔所需人才的同时还能科学识别高潜人才，提高了人才识别的有效性。

（二）高潜人才识别体系的特征

1. 主张简单

高潜人才识别体系将每个项目都分割成单独的识别单元，这样能保证独立的单元能够同步进行，这种简单的识别单元非常有利于组织项目的开展，也有利及时纠正错误，同时将个别失误可能会造成的影响降到最低。

2. 拥抱变化

高潜人才识别体系会受到企业战略调整变化的影响，也会随着社会的发展变化不断变化。接受变化并快速响应和调整，是高潜人才识别体系的重要特征之一，也是高潜人才所要具备的一种能力。

3. 持续迭代

伴随企业的发展，对高潜人才的要求将会越来越严格、越来越规范。人群能力素质的提升，将会改变现有能力素质模型的能力素质项，这就要求高潜人才识别体系根据企业的要求及需要不断改变。

4. 以人为本

以人为本主要体现在高潜人才对用户、员工、各利益相关方的态度里。在对待用户方面，高潜人才要对其产生共情的态度。共情是指高潜人才要能设身处地地理解用户的感知和需求，脱离原有生硬的市场调研框架，引导用户需求。在对待员工方面，高潜人才应对企业员工进行积极关注，对员工尊重和认可，并能欣赏他的价值。高潜人才应注重伦理、道德领导，关注企业对员工产生的影响，重视企业文化对员工思想、价值观等方面的影响。高潜人才要积极与企业员工沟通交流，认同、宽容企业员工，关心企业员工的需求，激发企业员工的能力，最终达到提高企业绩效的结果。在对待各利益相关方方面，高潜人才应在交流合作中表里一致、表现真诚，不特意取悦他人，不回避自己的过失和失误，不修改、掩饰自己的想法和态度。

（三）高潜人才识别体系优势

高潜人才的潜力存在隐蔽性和潜在性，通过观察、面谈、文字语言等很难进行复制和传播，同时，高潜人才的潜力是指向未来的、不可培养的能力，因此对于高潜人才的识别要通过共同的核心潜力因子和过往的行为习惯进行预测。高潜人才识别体系就是组织将个人的这种隐性能力转化为能力素质模型进行识别。

首先，高潜人才识别体系中的定义人才与评估人才是联系为一体的人才识别体系，他们使用的是同一个标准，通过能力素质模型将这两者有机结合在一起，这样使得对于高潜人才的识别具有非常高的匹配度。

其次，用于识别高潜人才的能力素质模型跨越组织的关键岗位能力素质，迭代进化以速度取胜,不需要个性化的能力素质测评,因此具有较高的成本效益。在高潜人才识别体系构建的过程中,只需要选择适用于本行业企业中最有效用的模型进行通用能力素质测试,就能够挑选出个性化的能力素质项,然后根据这些能力素质项制定出适合本组织的能力素质模型,相对于同类咨询公司的人才识别项目费用而言,可以节省很大的开销,因此具有较高的成本效益。而且,高潜人才识别体系中的定义人才阶段和评估人才阶段所产生的数据都可以作为高潜人才识别体系的迭代进化依据。

最后,高潜人才识别体系中,对于项目中的高潜人才组织会给予专业指导,提供项目相关的物料资源和相关的人力资源给高潜人才以供参考,高潜人才要保持对项目的结果负责;对于高潜人才之外的人才,他们也会见证这些高潜人才被识别、被发现、被培养的全过程,作为项目流程中的共同参与者与决策者真正参与到项目中。这样在定义人才阶段,目标岗位的直属上级也会参与到行为事件访谈中,更直观、有效地获取目标岗位的核心能力素质要求,从而制定出具有组织特定文化的高潜人才识别标准,而在评估人才阶段,就可以持续参与和关注高潜人才的表现。

二、高潜人才识别体系构建

(一)准备工作

1. 甄选测评工具

高潜人才识别体系的构建,首先要甄选人才识别的测评工具,而作为高潜人才识别的能力素质模型可以跨越组织进行高潜人才的能力素质测评,组织根据自身的情况挑选出其中的能力素质项,就可以成为高潜人才识别的有效工具。

在能力素质模型中,可以选择性格测评和全方位胜任力测评作为测评工具。

2. 提取测评数据

依据甄选出来的性格测评和全方位胜任力测评工具,提取出性格测评数据与全方位胜任力测评数据,每个项目均为数字 1～10 的分值中的整数数值,数值越接近于 10 表示越好。

性格测评维度分为人际关系、思维方式、情感情绪,共计 32 个项目,如表 11-1 所示。

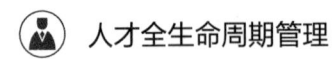

表 11-1　性格测评维度表

测评维度	具体项目	测评潜力
人际关系	有说服力的	影响力
	有控制意愿的	
	直率的	
	想法独立的	
	外向的	社交能力
	合群的	
	社交自信的	
	谦虚的	情感投入度
	民主的	
	关怀的	
思维方式	数据推理的	分析能力
	批判性分析的	
思维方式	传统的	创意与变化
	抽象的	
	创新的	
	追求变化的	
	能适应的	
	战略性思考的	组织能力
	对细节敏感的	
	认真负责的	
	遵从规则的	
情感情绪	轻松的	情绪
	忧虑的	
	意志坚强的	
	乐观的	
	信赖的	
	情绪控制的	

续表

测评维度	具体项目	测评潜力
情感情绪	精力充沛的	行动力
	竞争的	
	追求成就的	
	果断的	
	一致性	回答偏差

全方位胜任力测评维度如表 11-2 所示。

表 11-2 全方位胜任力测评维度表

测评维度		子维度
领导和决策	做出决定和采取行动	权力动机
		果断决策
		采取行动
	领导和监督	愿景激励
		选拔英才
		发展他人
		以身作则
支持和合作	与人合作	开放包容
		支持性
		团队合作
	坚持原则和价值观	直率坦诚
		倡导平等
		社会责任
互动和表达	联系和建立人脉网络	关系建立意愿
		承受他人拒绝
		关系建立技巧
	说服和影响	影响意愿
		说服技巧
		赢得认同

续表

测评维度		子维度
互动和表达	呈现和发挥影响力	社交自信
		演讲技巧
		灵活响应
分析和诠释	写作和报告	洞悉需求
		思维缜密
		清晰易懂
	应用专业知识和技术	理论化思维
		善用数据
		批判性评估
	分析	分析思维
		见多识广的细致深入
		信息辨识与系统整合
创造和概念化	学习和研究	敏锐学习
		信息收集
		从反馈中学
	创造和创新	想象力与好奇心
		尝试新方法
		形成新策略
	制定策略和概念	关注结果达成
		制定规划
		关联性分析
组织和执行	计划和组织	明确目标
		预测风险与资源支持
		按时交付
组织和执行	交付成果和达到客户期望	追求成就
		关注细节
		按时交付
	遵循指示和程序	重视规范
		服从性
		严于律己

续表

测评维度		子维度
适应和处理	适应和应对改变	拥抱变化
		乐观好奇
		适应行为
	处理压力和挫折	接纳压力
		心理韧性
		压力应对策略
具有进取心和执行力	达成个人工作目标	成就愿望
		追求高标准
		持续提升
	企业家和商业思维	商业洞察
		关注投入产出比
		挖掘商机

（二）定义人才

定义人才是高潜人才识别的起点，能力素质模型构建是定义人才的核心。

1. 能力素质模型

构建能力素质模型需要运用多种方法及形式，主要为测评数据分析、行为事件访谈、焦点小组讨论等，将质性方法与量性方法相互结合，从而保证能力素质模型构建程序的科学性与建模结果的客观性。能力素质模型构建的技术路线如下。

（1）访谈信息解码

对高潜人才进行行为事件访谈发生在绩效优胜人员、高潜人才目标岗位的上级领导、组织高层领导之间。访谈的内容和方式可以根据情况自行安排，可以由浅入深、由具体到抽象，从而引导被访谈的高潜人才突破常规思维定式，进行深入思考及跨界思考，逐步解码高潜人才的能力素质。

对高潜人才进行访谈的提纲也可以根据被访谈的高潜人才的不同设计不同的侧重点，访谈的核心就是看被访谈人员对目标岗位是否有更深入的了解和认识，是否对目标岗位的关键职责有一定的了解和定位等。

这时候与高潜人才的访谈是关注目标岗位的职责、挑战以及影响，要通过对事件访谈洞悉高潜人才的岗位胜任力，关注组织的战略目标及战略目标的分解，要具体细化到高潜人才所要挑战的目标岗位与企业战略是否达成一致，还要关注目标岗位的岗位要求、目标岗位的支撑点等，通过获取访谈人员的行为特征，实现对访谈人员的信息解码。

（2）访谈信息编码

对高潜人才访谈信息的编码要在解码的基础上进行，这就要求被访谈的高潜人才在访谈中所提供的信息具有真实性和客观性。这样真实客观的信息才具有编码的可能性和有效性，对于不真实、不客观的信息进行编码就失去了访谈的意义。

那么什么样的访谈信息才是真实客观的呢？有以下几个判断的要素：被访谈的高潜人才所描述的内容必须是本人亲身经历的事件；被访谈的高潜人才已经完成他所陈述的事实行为；被访谈的高潜人才的陈述事件具体完整。只有这样的访谈信息才是属于真实客观且可以进行编码的信息。

对访谈信息编码的过程就是收集行为事件访谈中的细节，并对这些访谈细节进行分类、分析、量化。在进行完这些工作之后就可以依据编码分类表开始编码。

在进行访谈信息编码的过程中还要讲究技巧和方法，将高潜人才的能力素质对接到相对应的访谈内容中，并对编码信息与资料进行归类，从中找出对高潜人才个人关键行为的思考和行为有显著影响的信息，这些对将来高潜人才的行为转化有着重要的影响，对于访谈操作人员的专业素质也提出了很高的要求。

2. 辅助工具

在定义人才阶段除了上述的能力素质模型之外，还需要利用辅助工具实现对高潜人才的识别。例如，可以使用能力素质卡片研讨高潜人才的能力素质，充分了解高潜人才的目标价值、高潜人才对于目标岗位的挑战与定位。这些卡片的使用能快速准确地将这些战略共识转化为个人的能力素质，通过高潜人才对能力素质卡片的问题进行回答，逐步聚焦关键能力素质。

将高潜人才卡片描述的行为和有影响力的咨询公司的参考数据进行比对，得出高潜人才能力素质的相关性，也能为后续的高潜人才评估提供依据。

（三）评估人才

对于高潜人才的评估是高潜人才识别的最后一步，随着现代信息技术及大数据技术的广泛应用，企业可以通过专业的评估工具、评估系统有效评估高潜人才的特质、高潜人才的能力和潜力，通过高潜人才测评的情况来判断是否与公司当前的战略目标发展一致，并通过评估结果预测高潜人才的未来发展。同时专业的测评工具也能客观地对高潜人才进行综合有效评价，减少人员面谈时出现的评估数据的主观失误，提高人才评估的效率。

对高潜人才评估也要依托定义人才阶段所编码的访谈信息。考察被访谈人才的能力素质项通常会采用线上测评和线下评估相结合的方式，提升人才评估的效度，还可以采用其他评估方式进行交叉评估。

评估高潜人才的方法按照评估内容可以分为两类：①心理测试（对高潜人才的心理测试可以通过典型的行为样本反推心理特征，心理测试包括对高潜人才的性格、动机、认知等方面进行评估）；②行为测试（包括对高潜人才的岗位角色扮演、360度反馈评估等）。

1. 行为事件面试

行为事件面试就是我们平常所说的线下评估中的一种常用方法，面试官由组织中的高层领导、目标岗位的直接领导和组织的人力资源领导共同组成。他们所扮演的面试官角色各不相同：组织中的高层领导对于高潜人才的面试是基于对公司战略发展的考量，也是对高潜人才未来发展高度的考量；目标岗位的直接领导对于高潜人才的面试是基于对高潜人才的现在和将来的工作表现的了解；人力资源领导的面试是基于对面试整个环节的把控。

在进行行为事件面试前，人力资源部门会对参与面试的所有面试官进行相关培训，包括对高潜人才面试的技巧、提问的技巧以及引导策略，以使面试能够顺利、有效进行。

行为事件面试的技术路线，如图 11-1 所示。

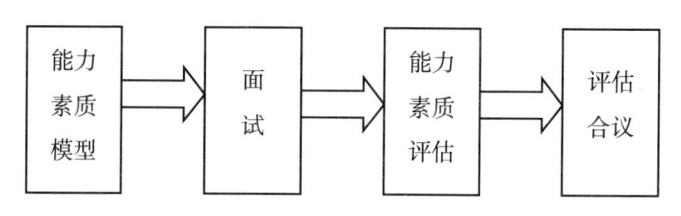

图 11-1　行为事件面试的技术路线

2. 面试问题设计及能力评估评分

对于高潜人才面试问题的设计，要采用开放式提问与追问式提问相结合的方式进行，根据面试的进展情况逐步深入，对高潜人才的思维模式、工作习惯逐步了解，这样能提高面试的效率，从而更加准确地对高潜人才做出科学、合理的评估。

那么什么时候采用开放式提问，什么时候采用追问式提问呢？这要根据具体的问题进行：开放式提问一般是询问高潜人才的过去行为事件，会请被访谈人才对过去事件进行相关描述，描述的事件要与目标岗位所匹配的能力素质相对应，这样才能有效评估被访谈人才对应的行为点，才能了解被访谈人才所描述事件发生的背景及被访谈人才的所思所想；除了被访谈人才的行为事件描述，面试官可以采用追问式提问对访谈对象进行精准提问、恰当追问、侧耳倾听，全面了解被访谈人才的行为事件。

在行为事件面试中，每个能力素质项所考察的行为点数量要控制在7～12个。为了准确量化评分，需要将能力素质项按照事件描述的逻辑分解，形成考察点，再将考察点按照典范行为表现拆分为正向行为与负向行为。

采用这种方法进行的人才评估，重要的是面试官要熟悉目标岗位的能力素质项，在高潜人才评估过程中，采用合适的方法进行提问和追问，记录好面试的整个过程，这样可以为高潜人才的评估提供依据，还可以在高潜人才的合议环节进行校准讨论，科学合理评估人才。

面试官在合议环节，将就每一项能力素质的行为点进行校准，最终形成对于被访谈人的综合评估意见。面试官的合议结果，将按照基于专家打分法设计出的评分标准表进行分数转化，进而统计出行为事件面试的最终分数，并进行排序。其中，专家打分法是在质性研究和量性研究的基础上，为每个选项赋予分值和权重，以打分的形式做出量性评价。

3. 九宫格

九宫格是一种常用的人才评估工具，是将前面测评的高潜人才的数据信息进行汇总后对人才与组织战略发展的匹配。

九宫格是由两个维度构成：绩效表现的值——当前工作的状态（待发展、满意绩效、超出期望）；能力的值——现在的行为可能对未来产生的影响（待改进、有效、高效/典范）。

在九宫格中，绩效与能力有三个层级，而潜力多达五个层级，对于潜力维度的解读，如表11-3所示。

表11-3 九宫格潜力维度

潜力维度	维度含义
高潜力	具备绩效层级与能力层级的高潜力，应该重点加以培养。
可提拔	具备提高绩效层级或能力层级当中，至少一个层级的潜力，可以进行针对性指导。

续表

潜力维度	维度含义
在岗发展	发展潜力比较一般,建议维持原岗位的发展。
需要关注	本身与当前的岗位有一定差距,建议先行采取绩效改进措施。
问题员工	本身与当前的岗位差距太大,建议进行调岗或降职。

绘制组织人才识别的九宫格也有一定的难度,难度在于对绩效的测量、对潜力的测量以及对两者测量中会出现一定的偏差,这种偏差如果不及时纠正,就会导致评估的高潜人才分布出现失误,造成组织对于整个人才识别的偏差。所以绘制九宫格进行人才评估,要多次进行才能校准人才识别。

通过绘制组织九宫格人才评估,就可以在九宫格中选拔出符合组织战略发展和目标岗位要求的高绩效、高潜力的人才,正式完成高潜人才的识别。

参考文献

[1] 刘洋. 高校人才管理理论与实践[M]. 徐州：中国矿业大学出版社，2012.

[2] 张亚设. 生命周期：人类生命的毕生发展与优化[M]. 上海：同济大学出版社，2014.

[3] 张小兵，张泽蔚. 基于知识吸收能力的企业战略性人才管理研究[M]. 徐州：中国矿业大学出版社，2014.

[4] 栗艳芳. 经济转型背景下高职人力资源管理人才的培养[M]. 长春：吉林大学出版社，2015.

[5] 胡华成. 颠覆HR："互联网+"时代的人才管理变革[M]. 北京：中国铁道出版社，2016.

[6] 杨长清. 云管理：互联网+时代的人才管理变革[M]. 北京：中国铁道出版社，2017.

[7] 苏永华. 全面人才管理[M]. 北京：经济日报出版社，2017.

[8] 班秀萍，叶云龙. 全面质量管理与高校人才培养[M]. 长春：东北师范大学出版社，2017.

[9] 王江涛. 大数据与人才培养融合研究[M]. 北京：北京工业大学出版社，2018.

[10] 孙卫东，宋卫. 中小微企业基业长青之道：基于企业全生命周期管理视角[M]. 南京：东南大学出版社，2018.

[11] 涂满章. 数字化时代人才管理新思维[M]. 北京：企业管理出版社，2019.

[12] 余江舟. 创新文化视角下的人才培养模式研究[M]. 沈阳：辽宁大学出版社，2019.

[13] 费洪新，张晓杰，张英博. "三导向"人才培养模式理论研究[M]. 长沙：湖南科学技术出版社，2019.

［14］陈英，钟林. 供应链管理理论与实践创新研究［M］. 天津：天津科学技术出版社，2019.

［15］周鲜华，栾世红. 面向新时代应用创新型人才培养的理论与实践［M］. 哈尔滨：哈尔滨工业大学出版社，2019.

［16］王建成. 浅谈企业如何走出人才梯队建设的常见误区［J］. 商，2015（41）：36.

［17］陈铭. 企业的可持续发展与人才梯队建设［J］. 中国商论，2016（29）：119-120.

［18］姜虹. 领军人才梯队建设实践探索［J］. 中国高新区，2017（15）：232.

［19］陈勇. 浅谈企业人才梯队的建设［J］. 现代国企研究，2018（24）：52.

［20］翟佳，张力辉. 互联网+背景下企业人才招聘策略研究［J］. 现代经济信息，2018（15）：72.

［21］崔长中. 企业人才梯队建设中对管理规范化的论析［J］. 管理观察，2018（3）：31-32.

［22］陈原华. 浅谈企业人才梯队搭建对企业持续发展的重要性［J］. 现代经济信息，2018（13）：28-29.

［23］李凤琴. 基于企业接班人计划的人才梯队建设探讨［J］. 人力资源，2019（14）：33-34.

［24］石世科. 基于人才盘点的人才梯队建设研究［J］. 航天工业管理，2019（6）：28-32.

［25］李朝晖. 企业人才培养的难点及对策研究［J］. 质量与市场，2020（21）：69-71.

［26］季慧博. 企业人才梯队建设的思考［J］. 中国产经，2020（4）：64-65.

［27］王旭. 企业专业技术人才梯队建设工作的几点思考［J］. 智库时代，2020（3）：241-242.